# 会计综合 模拟实训

第二版

主 编 ◎ 王 薇 郑 磊 马晓芳
副主编 ◎ 陈丽君 于喜华 杨新妍 李 红
参 编 刘海霞 张石金

清华大学出版社
北京

普通高等教育"十三五"规划教材

# 内 容 简 介

本书首先对整个做账实训流程进行详细地讲解，然后给出模拟企业核算要求和主要业务的原始凭证，作为实训资料。整个实训环节包括建账、原始凭证的审核、成本的计算、记账凭证的填制与审核、总账与明细账的登记、报表的编制等环节，其中实训内容包括了工业企业常见的76笔主要业务。学生首先在教师的指导下完成手工账实训，接着用财务软件再完成全部业务的做账流程。

本书既可作为本科院校财会专业综合实训教材，也可作为会计从业人员参考用书。

本书封面贴有清华大学出版社防伪标签，无标签者不得销售。

版权所有，侵权必究。举报：010-62782989，beiqinquan@tup.tsinghua.edu.cn。

**图书在版编目(CIP)数据**

会计综合技能实训 / 马智祥，郑鑫主编. —2 版. —北京：清华大学出版社，2019.11(2024.3重印)

(普通高等院校"十三五"规划教材)

ISBN 978-7-302-53788-5

Ⅰ.①会… Ⅱ.①马… ②郑… Ⅲ.①会计学-高等学校-教材 Ⅳ.①F230

中国版本图书馆 CIP 数据核字(2019)第 200053 号

责任编辑：刘志彬
封面设计：李伯骥
责任校对：王凤芝
责任印制：刘海龙

出版发行：清华大学出版社

　　　　网　　　址：https://www.tup.com.cn, https://www.wqxuetang.com
　　　　地　　　址：北京清华大学学研大厦 A 座　　　　邮　　编：100084
　　　　社 总 机：010-83470000　　　　　　　　　　　邮　　购：010-62786544
　　　　投稿与读者服务：010-62776969, c-service@tup.tsinghua.edu.cn
　　　　质量反馈：010-62772015, zhiliang@tup.tsinghua.edu.cn

印 装 者：三河市君旺印务有限公司

经　　销：全国新华书店

开　　本：185mm×260mm　　　印　　张：10　　　字　　数：138 千字

版　　次：2016 年 8 月第 1 版　2019 年 11 月第 2 版　　印　　次：2024 年 3 月第 6 次印刷

定　　价：28.00 元

产品编号：085110-01

# *Preface* 前 言

会计综合技能实训是会计实践教学的一个重要组成部分,在很大程度上依靠会计模拟实验教学来完成,是学生在学习完会计理论的基础上,通过模拟实验进行整个会计实务流程的高仿真操作。它对巩固学生的会计理论知识,培养学生实际动手能力具有重要意义。

本书首先对整个做账实训流程进行详细地讲解,然后给出模拟企业核算要求和主要业务的原始凭证,作为实训资料。整个实训环节包括建账、原始凭证的审核、成本的计算、记账凭证的填制与审核、总账与明细账的登记、报表的编制等环节,其中实训内容包括了工业企业发生的75笔主要业务。学生首先在教师的指导下完成手工账实训,接着在财务软件中再完成同一套业务的做账流程。手工操作帮助学生掌握会计的基本理论和规律,财务软件操作可以使学生掌握软件操作的特点并能与手工操作核对,对学生全面技能的培养具有重要的作用。

本书具有如下特点。

第一,目标明确。本书基于"对接行业、工学结合、提升质量、促进职业教育链融入产业链,有效服务经济社会发展"的职业教育发展思路编写,着力培养学生的职业道德、职业技能和就业能力。同时使财务会计教师的理论教学与实训问题得以融合,实现了教、学、做的统一,有利于学生掌握会计基本操作技能并提升学生的动手能力。

第二,重点突出。本书针对会计基本技能进行实训,从基础理论到一般原理再到实际应用,引领学生逐步实现从入门到理解,从理解到学会应用,再从应用到重点突破。

第三,政策性强。本书以国家最新颁布的会计法、会计准则、会计制度、税法、票据法规为依据,从知识性、实用性、政策性出发,通过完成实训任务,学生能够在较短的时间内迅速达到会计理论与会计实际操作相结合的目的。

本书在编写过程中,参考借鉴了有关会计技能方面的参考文献,在此谨向作者表示衷心感谢。由于水平有限,书中难免存在不足之处,请各位老师和广大读者不吝指正。希望本书的出版能为我国会计教育事业的发展和人才的培养做出贡献。

编 者

# Contents 目 录

## 模块一　会计综合技能实训概述

一、实训目的 ……………………………………………………… 1

二、实训准备 ……………………………………………………… 1

三、实训的程序及要求 …………………………………………… 2

四、会计核算流程 ………………………………………………… 3

五、相关的企业财务制度 ………………………………………… 4

## 模块二　会计综合实训企业概况

一、基本情况 ……………………………………………………… 7

二、财务科岗位职责 ……………………………………………… 7

三、财务制度 ……………………………………………………… 7

## 模块三　会计综合实训资料

一、2018 年 12 月初各账户余额 ……………………………… 9

二、2018 年 12 月经济业务 …………………………………… 13

三、相关业务的原始凭证 ………………………………………… 17

四、手工账务岗位实训任务 …………………………………… 147

## 模块四　会计电算化操作

一、系统管理 …………………………………………………… 149

二、系统初始化 ………………………………………………… 150

三、日常账务处理 ……………………………………………… 152

四、报表处理 …………………………………………………… 152

# 1 模块一
## Chapter

# 会计综合技能实训概述

随着社会的逐渐发展，会计信息化逐渐普及，这就要求财会工作人员要与时俱进，在熟悉传统手工账务处理的同时，必须掌握会计电算化账务处理方法。要达到这些要求，财会类专业学生在学习时就要将手工账务处理和电算化账务处理同步进行，培养和训练会计综合技能，缩短就业的适应期。

## 一、实训目的

本实训教材以佛山宏运股份有限公司为例，设计了从会计政策、岗位职责、实训要求、资料准备、账户建立、日常会计账务处理、计算产品成本、利润的形成并进行利润分配，到最后编制和审核原始凭证与记账凭证、登记账簿、成本计算和编制会计报表的全部会计手工账务及电算化账务的综合技能和方法。在学习的过程中，学生能够切实体会出纳员、材料核算员、成本核算员、记账员、主管会计、电算化信息录入等会计工作岗位的艰辛和快乐，从而对工业企业会计核算等过程有一个连续、系统、完整和全面的认识，最终达到对会计知识的理解与实践方法融会贯通的目的。通过会计综合技能实训，学生能够系统地掌握工业企业会计核算的基本流程和具体方法，加深对会计专业理论知识的认识和理解，更好地培养实际操作能力。

## 二、实训准备

### （一）手工账务实训资料准备

手工账务实训需要准备以下资料。

（1）通用记账凭证3本。

（2）科目汇总表5张。

（3）试算平衡表3张。

（4）账页。

① 总分类账50页。

② 现金日记账6页。

③ 银行存款日记账6页。

④ 数量金额式明细账10页。

⑤ 三栏式明细账40页。

⑥ 多栏式明细账15页。

⑦ 应交税费——应交增值税明细账5页。

（5）会计报表。

① 资产负债表1张。

② 利润表1张。

（6）纳税申报表。

① 增值税纳税申报表及附表4份。

② 地税纳税申报表1份。

（7）其他资料。

① 凭证封面及装订用材料、工具等。

② 抽出附件记录。

## （二）电算化资料准备

电算化实训需要准备以下资料。

（1）用友或金蝶等一款财务软件（试用版）。

（2）具备运行财务软件安装及使用的电脑1台。

# 三、实训的程序及要求

## （一）手工账务实训程序

手工账务实训程序如下。

（1）建总账：根据实训资料总分类账余额，开设总分类账户，并登记期初余额。

（2）建明细账及日记账：根据实训资料明细分类账余额，开设明细分类账、现金日记账和银行存款日记账，并登记期初余额，根据经济业务的发生，增设有关明细账。

（3）编制记账凭证：根据经济业务内容和原始凭证、编制记账凭证（通用记账凭证）。

（4）审核记账凭证：依据会计制度的有关规定，对所编会计凭证进行认真审核。

（5）登记明细账及日记账：根据审核无误的记账凭证，登记明细账、现金日记账和银行存款日记账。

（6）编制科目汇总表：根据审核无误的记账凭证进行T形账户的账务登记，编制科目汇总表。

（7）登记总账：根据科目汇总表登记总分类账。

（8）结账：全部经济业务入账后，期末结算各总账账户和明细账账户。

（9）对账：现金日记账、银行存款日记账和各明细账与总分类账进行核对。

（10）编制会计报表。

（11）编制纳税申报表。

（12）会计档案整理，将会计凭证和会计报表加封面，装订成册，归档保管。

## （二）手工账务实训要求

手工账务实训要求如下。

（1）熟悉企业会计制度。

（2）了解企业的各种账务制度。

（3）对发生的业务编制会计分录。

（4）按审核无误的会计分录编制会计凭证。

（5）编制科目汇总表，半个月汇总一次，据以登记总账。

（6）按实训的程序进行操作。

（7）按要求填写账簿启用表。

（8）职责分工按岗位执行。

（9）妥善地进行档案保管，按期装订成册。

### （三）电算化账务实训程序

电算化账务实训程序如下。

（1）安装软件。

（2）建立账套。

（3）参数设置及基础档案设置。

（4）期初数据录入、对账、试算平衡、完成初始化。

（5）记账凭证录入、审核、过账、对账、试算平衡、结账。

（6）利用UFO报表系统编制对外报表。

## 四、会计核算流程

会计核算流程如图1-1所示。

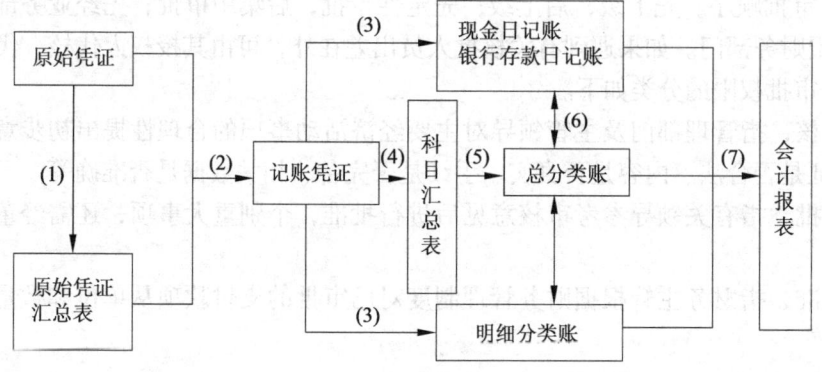

**图1-1　会计核算流程**

（1）审核原始凭证并填制原始凭证汇总表。

（2）编制记账凭证。

（3）登现金日记账、银行存款日记账和明细分类账。

（4）编制科目汇总表。

（5）登记总账。

（6）对账。

（7）编制会计报表。

## 五、相关的企业财务制度

### （一）岗位授权制度

▶ 1. 岗位分工

（1）财务科长，负责财务处的全面工作并兼审核工作。

（2）出纳员，负责货币资金的收付及现金日记账和银行存款日记账的登记工作。

（3）材料审核员，负责材料审核、入库、领用等业务的核算及有关明细账的登记工作。

（4）成本核算员，负责各生产车间费用的收集、分配、产品成本的计算及有关明细账的登记工作。

（5）销售核算员，负责销售业务核算及相关明细账的登记工作。

（6）记账员，负责有关凭证的填制和总账的登记及会计报表的编制工作。

▶ 2. 授权批准

（1）固定的逐层授权。按照股东大会、董事会、总经理、分管副总、部门经理层次，可将部分权限以文字的形式授权给下一层负责人员。授权书由授权者向上一层领导报批同时抄送财会处。

（2）临时授权。一般是指经理外地出差或休假期间的委托。在此情况下，各级负责人提前一定的时间向其上一层领导出具授权书，同时抄送财会处。在授权书内要说明授权方、被授权方、授权原因、权限和期限。如时间紧迫，发送电子邮件或传真加口头授权也可。但临时授权于他人并非排除经理对授权期间的具体责任，因此，经理应避免在此期间内授权非惯例性、金额庞大的交易。

（3）审批顺序。先下级，后上级；先定性审批，后集中审批；先经业务部门、行政部门，后报财务部门。如果遇到有关核批人员出差在外，可由其授权人代核、代批。

（4）审批权限的分类如下。

① 审核，指管理部门及主管领导对主要经济活动事项的合理性提出初步意见，如审核原始凭证是否合法、内容是否真实、手续是否完备、相关数据是否准确等。

② 审批，指有关领导参考审核意见后进行批准，个别重大事项，还需经董事会议讨论通过。

③ 核准，指财务主管根据财务管理制度对已审批的支付款项从单位和数量上加以核准并备案。

### （二）会计、出纳岗位职责

▶ 1. 会计人员岗位职责

（1）按国家统一会计制度规定设置会计科目。

（2）及时确认销售收入，正确计算增值税、销售税额。

（3）划清费用的开支范围及营业内外收入。

（4）认真计算业务成果及各种税金。

（5）按财务制度规定正确核算利润分配。

（6）按期缴纳各种费用。

（7）债券、债务及时查清，按月做好财务状况分析。

（8）记账要及时准确，明细账要按日登记，总账要及时登记。

（9）对会计凭证要按期装订成册，妥善保管。

（10）企业的会计档案要严格执行保管制度及查阅制度。

▶ 2. 出纳人员岗位职责

（1）出纳人员负责现金、支票、发票的保管工作，要做到收有记录、支有签字。

（2）现金业务要严格按照财务制度和公司制定的现金管理制度办理。对现金收支的原始凭证认真稽核，不符合规定的出纳有权拒付。

（3）现金要日清月结，按日逐笔登记现金日记账，并按日核对库存现金，做到登记及时、准确无误。

（4）现金的收、支必须当面点清，防止发生错误。

（5）对库存现金要严格按限额留用，不得肆意超出限额。妥善保管现金、支票、发票等各种有价证券，不得丢失。

（6）杜绝白条抵库，发现问题及时向领导汇报。

（7）支票的签发要严格执行银行支票管理制度，不得签逾期支票、空头支票。对签发的支票必经签写用途、限额，除特殊情况外，都需填写收款人。对他人领用支票者，需填写备查簿，同时应定期监督支票的使用和收回情况。

（8）办理其他银行汇票业务要经过领导批准后签发，同时核对各种信息，查看金额是否准确，未经领导签批不得随意办理汇票业务。

（9）按日逐笔登记银行存款日记账，定期与银行对账，按月编制银行存款余额调节表，及时处理未达账项。

（10）对领导交办的其他事项按有关规定办理。

## （三）流动资产部分会计政策

流动资产部分会计政策如下。

（1）库存现金限额为10 000元，银行开设三个明细账户，一个基本存款账户，两个专用存款户。

（2）计提坏账准备采用"应收账款余额百分比法"，其比例为5‰。

（3）材料存货按计划成本核算。采用月底一次性结转材料成本和生产成本。

（4）本企业的产成品及其他存货的收发按实际成本核算。

## （四）固定资产部分政策

固定资产折旧采用"平均年限法"按月计提折旧。

## （五）产品成本核算部分政策

产品成本核算部分政策如下。

（1）本企业月末在产品成本计算采用约当产量法。

（2）企业辅助生产车间为提供劳务发生的各种间接费用，如车间管理人员的工资及福利费、固定资产折旧费、一般材料消耗等，先通过"制造费用"账户核算，月终再转入

"生产成本——辅助生产成本"账户。辅助生产车间提供劳务的实际成本，按其受益数量在受益部门之间进行分配。

（3）各种费用分配率精确到1%，尾差由最后的项目负担。

（4）本企业设置的成本项目。

① 直接材料费。直接材料费包括企业生产经营过程中实际消耗的原材料及主要材料、辅助材料、外购件、燃料以及其他直接材料费用。

② 直接动力费。直接动力包括企业生产经营过程中实际消耗的电力等费用。

③ 直接人工费。直接人工费包括企业中直接从事生产人员的工资、奖金、津贴和补贴以及职工福利等费用。

④ 制造费用。制作费用包括企业各个生产车间为组织和管理生产所发生的生产车间管理人员的工资、职工福利、固定资产折旧费用、修理费、机物料消耗、低值易耗品消耗等费用。

### （六）纳税申报说明

纳税申报说明如下。

（1）无论本月有无收入，都应在次月办理纳税申报。

（2）增值税纳税申报期为次月的1～15日。

（3）城建税、教育费附加纳税期限为次月的1～15日。

### （七）利润分配部分政策

利润分配部分政策如下。

（1）盈余公积提取比例。法定盈余公积提取比例为本年度净利润的10%。

（2）应付给投资者的利润。按年末股东大会决议，应付给投资者的利润依据各方出资比例分配。

### （八）会计工作交接

会计工作交接是会计基础工作的一项重要内容。办好会计交接，有利于保持会计工作的连续性，有利于明确各自的责任。

会计人员调动工作或因故离职，必须将本人所经手的会计工作全部交给接管人员。在办理移交前必须做好以下工作：填制完已经受理业务的会计凭证；登记完尚未登记的账目，并在最后一笔余额后加盖经办人印章；整理应该移交的资料，对未了事宜写出书面说明；编制移交清册，列明应移交的各种有价证券、资料和物品的金额、数量。双方交接时，必须由专人负责监交：一般会计人员办理交接，可由会计机构负责人或会计主管负责监交；会计机构负责人或会计主管办理交接，可由单位负责人负责监交，必要时可请主管部门派人员一同监交。交接双方按移交清册列明的内容，逐项进行交接。移交时，如发现现金短缺、账目余额不一致，必须列明原因并在移交清册中注明，由移交人负责。交接结束，交接双方和监交人在移交清册上签名或盖章，以明确责任，同时，移交清册由交接双方及单位各执一份备查。

接替人员必须继续使用移交的会计账簿，不得中途另立新账。移交人对自己经办而且已经移交的会计资料的合法性、真实性仍然承担法律责任。

# 模块二
## Chapter
# 会计综合实训企业概况

## 一、基本情况

佛山宏运股份有限公司是一家主要生产A、B两种产品的有限责任公司，成立于2001年，注册资金800万元，该公司基本生产车间主要从事A和B两种产品的生产，是从事生产和销售的一般纳税人企业。

税号：6532963476579989966

开户银行：工商银行佛山季华支行

账号：62278696548609

地址：佛山市禅城区季华路029号

法人代表：张正（董事长、总经理）

公司员工人数300人，公司设四科一室和两个基本生产车间、一个辅助生产车间，即总经理室、供应科、生产科、销售科、财务科和一车间、二车间两个基本生产车间，以及一个辅助生产车间机修车间。一车间主要生产A产品，二车间主要生产B产品。

## 二、财务科岗位职责

财务科主要负责现金、银行存款和发票管理，资金的预算和应收账款控制分析管理，财务核算、成本分析、编制财务报表和文书档案管理等工作。财务科长为李林，会计为王静茹，出纳为刘丽好，总账为邹嘉仪，仓库保管员为林珊珊。

材料入库与出库业务，由保管员林珊珊填制入（出）库单，由经办人签字后，其中两联交由供应科，经负责人审核签字后分别由材料核算员登记材料明细账，记账员根据材料汇总表登记材料总账。月末，保管员、材料核算员与会计进行核对。

产品入（出）库业务，由成品库保管员填制入（出）库单据，由相关人员签字后，登记销售台账，其余各联交由财务科进行核算。

## 三、财务制度

公司执行《企业会计准则》。原材料按计划成本计价核算，月末一次结转收发材料的成本差异。周转材料和库存商品均按实际成本计价核算，采用月末一次加权平均法计算发出商品成本。产品生产所用原料在开始生产时一次投入。生产费用在完工产品与在产品之间的分配采用约当产量法。公司为增值税一般纳税人，增值税税率16%，城市维护建设税税率7%，教育费附加3%。公司按佛山市有关部门规定的比例给职工缴纳社会保险（养老保险：单位12%，个人8%；失业保险：单位0.5%，个人0.5%；工伤保险：单位1.5%；医疗保险：单位5%，个人2%；生育保险：单位0.9%），企业短期借款的利息采用每月末计，季度末支付。长期借款利息于年末支付。

# 模块三
## Chapter
# 会计综合实训资料

## 一、2018年12月初各账户余额

（1）2018年11月30日各总账账户余额如表3-1所示。

表3-1  总账账户余额表  单位：元

| 科目名称 | 借方余额 | 科目名称 | 贷方余额 |
|---|---|---|---|
| 1001库存现金 | 5 285.36 | 1602累计折旧 | 195 368.44 |
| 1002银行存款 | 2 068 209.09 | 1231坏账准备 | 3 874.28 |
| 1101交易性金融资产 | 115 400.00 | 2001短期借款 | 58 000.00 |
| 1122应收账款 | 714 856.78 | 2201应付票据 | 170 000.00 |
| 1123预付账款 | 70 000.00 | 2202应付账款 | 61 000.00 |
| 1221其他应收款 | 60 000.00 | 2203预收账款 | 40 000.00 |
| 1403原材料 | 443 000.00 | 2211应付职工薪酬 | 242 889.47 |
| 1404材料成本差异 | 16 779.00 | 2221应交税费 | 142 169.10 |
| 1405库存商品 | 831 600.00 | 2231应付利息 | 4 100.00 |
| 1411周转材料 | 18 780.00 | 2241其他应付款 | 13 161.60 |
| 1601固定资产 | 7 344 193.26 | 2501长期借款 | 100 000.00 |
| 1701无形资产 | 120 000.00 | 4001实收资本 | 8 000 000.00 |
| 5001生产成本 | 56 939.00 | 4101盈余公积 | 320 000.00 |
|  |  | 4103本年利润 | 2 003 833.50 |
|  |  | 4104利润分配 | 510 646.10 |
| 合　计 | 11 865 042.49 | 合　计 | 11 865 042.49 |

（2）2018年11月30日有关明细账户余额如表3-2和表3-3所示。

9

表3-2　有关明细账户余额表（一）　　　　　　单位：元

| 总　账 | 明细账 | | 数　量 | 单　价 | 借方余额 |
|---|---|---|---|---|---|
| 1122应收账款 | 112201南海机电 | | | | 15 000.00 |
| | 112202湖北机电 | | | | 397 700.00 |
| | 112203广东设备 | | | | 302 156.78 |
| | 合计 | | | | 714 856.78 |
| 1123预付账款 | 112301武汉金属 | | | | 70 000.00 |
| 1221其他应收款 | 122101采购部备用金 | | | | 30 000.00 |
| | 122102销售部备用金 | | | | 20 000.00 |
| | 122103某人 | | | | 10 000.00 |
| | 合计 | | | | 60 000.00 |
| 1601固定资产 | 160101房屋及建筑物 | 16010101一车间 | | | 1 940 160.18 |
| | | 16010102二车间 | | | 1 641 902.77 |
| | | 16010103机修车间 | | | 286 601.35 |
| | | 16010104厂部 | | | 720 343.65 |
| | | 小计 | | | 4 589 007.95 |
| | 160102机器设备 | 16010201一车间 | | | 1 509 754.26 |
| | | 16010202二车间 | | | 1 151 816.84 |
| | | 16010203机修车间 | | | 93 614.21 |
| | | 小计 | | | 2 755 185.31 |
| | 合计 | | | | 7 344 193.26 |
| 1101交易性金融资产 | 110101南海能源 | | 10 000股 | | 60 300.00 |
| | 110102深圳机电 | | 20 000股 | | 55 100.00 |
| | 合计 | | | | 115 400.00 |
| 1405库存商品 | 140501A产品 | | 4 700件 | 108 | 507 600.00 |
| | 140502B产品 | | 3 600件 | 90 | 324 000.00 |
| | 合计 | | | | 831 600.00 |
| 1411周转材料 | 141101低值易耗品——工作服 | | 150件 | 118 | 17 700.00 |
| | 141102低值易耗品——手套 | | 300副 | 3.6 | 1 080.00 |
| | 合计 | | | | 18 780.00 |
| 1403原材料 | 140301甲材料 | | 23 000千克 | 11 | 253 000.00 |
| | 140302乙材料 | | 19 000千克 | 10 | 190 000.00 |
| | 合计 | | | | 443 000.00 |
| 1404材料成本差异 | 140401甲材料成本差异 | | | | 11 286.82 |
| | 140402乙材料成本差异 | | | | 5 492.18 |
| | 合计 | | | | 16 779.00 |

表3-3　有关明细账户余额表（二）　　　　　　　　　　　　　　单位：元

| 总　账 | 明细账 | 贷方余额 |
|---|---|---|
| 1231坏账准备 | 123101应收账款坏账准备 | 3 574.28 |
| | 123102其他应收款坏账准备 | 300.00 |
| | 合计 | 3 874.28 |
| 2001短期借款 | 200101工商银行（4个月，年利率6%） | 20 000.00 |
| | 200102工商银行（9个月，年利率6%） | 38 000.00 |
| | 合计 | 58 000.00 |
| 2201应付票据 | 220101广州电器配件厂（银行承兑汇票） | 100 000.00 |
| | 220102南京电器有限公司（银行承兑汇票） | 70 000.00 |
| | 合计 | 170 000.00 |
| 2202应付账款 | 220201西安金属材料公司 | 31 000.00 |
| | 220202上海轻化公司 | 30 000.00 |
| | 合计 | 61 000.00 |
| 2203预收账款 | 220301上海电器有限责任公司 | 40 000.00 |
| 2211应付职工薪酬 | 221101职工工资 | 205 382.47 |
| | 221102社会保险费 | 37 507.00 |
| | 合计 | 242 889.47 |
| 2501长期借款 | 250101工商银行（5年期） | 100 000.00 |
| 2221应交税费 | 222101未交增值税 | 18 749.18 |
| | 222102应交城市维护建设税 | 1 312.44 |
| | 222103应交教育费附加 | 562.48 |
| | 222104应交所得税 | 121 545 |
| | 合计 | 142 169.10 |
| 4001实收资本 | 400101北京城建股份有限公司 | 4 500 000.00 |
| | 400102南海高科股份有限公司 | 2 000 000.00 |
| | 400103南海安居房地产开发公司 | 1 500 000.00 |
| | 合计 | 8 000 000.00 |

（3）2018年11月30日"生产成本——基本生产成本"明细分类账账户余额如表3-4所示。

表3-4 "生产成本——基本生产成本"明细分类账账户余额表 单位：元

| 项目<br>产品名称 | 直接材料 | 直接人工 | 制造费用 | 合 计 |
|---|---|---|---|---|
| A产品 | 15 000.00 | 8 000.00 | 8 346.00 | 31 346.00 |
| B产品 | 11 000.00 | 7 000.00 | 7 593.00 | 25 593.00 |
| 合计 | 26 000.00 | 15 000.00 | 15 939.00 | 56 939.00 |

（4）2018年12月产品产量有关资料如表3-5所示。

表3-5 产品产量有关资料表

| 项 目 | A产品 | B产品 |
|---|---|---|
| 月初在产品（件） | 500 | 400 |
| 本月投产（件） | 5 000 | 4 000 |
| 本月完工（件） | 4 200 | 4 000 |
| 月末在产品（件） | 1 300 | 400 |
| 投料方式 | 一次投入 | 一次投入 |
| 在产品完工程度（%） | 50 | 50 |

（5）2018年1—11月损益类账户累计发生额如表3-6所示。

表3-6 2018年1—11月损益类账户的累计发生额 单位：元

| 科目名称 | 金 额 |
|---|---|
| 6001主营业务收入 | 7 671 404.00 |
| 6051其他业务收入 | 5 300.00 |
| 6111投资收益 | 28 234.00 |
| 6301营业外收入 | 4 000.00 |
| 6401主营业务成本 | 4 145 800.00 |
| 6403税金及附加 | 162 710.00 |
| 6402其他业务成本 | 2 300.00 |
| 6601销售费用 | 521 000.00 |
| 6603财务费用 | 5 124.67 |
| 6602管理费用 | 192 811.33 |
| 6711营业外支出 | 7 414.00 |
| 6801所得税费用 | 667 944.50 |

## 二、2018年12月经济业务

（1）1日，向广东金属材料有限公司购入甲材料，款项已通过电汇方式付清，材料已经验收入库。（原始凭证1-1～1-5）

（2）1日，以现金支付职工王华报销业务招待费。（原始凭证2）

（3）1日，向武汉金属材料公司购进乙材料，开转账支票支付货款，材料已验收入库。（原始凭证3-1～3-3）

（4）2日，签发现金支票一张，从银行提取备用金。（原始凭证4）

（5）2日，开出转账支票一张，支付汽车维修费，并收到增值税发票一张。（原始凭证5-1和5-2）

（6）2日，开出转账支票一张，支付电信宽带上网费。（原始凭证6-1和6-2）

（7）2日，以银行存款支付地税局车船使用税。（原始凭证7-1和7-2）

（8）3日，出售交易性金融资产，收到汇票一张送存银行。（原始凭证8-1和8-2）

（9）4日，以现金支付税务网上申报信息费。（原始凭证9）

（10）4日，以现金支付刘政预借差旅费。（原始凭证10）

（11）4日，以现金支付汽车加油费。（原始凭证11）

（12）4日，向湖北新立电器有限公司销售A产品，款项通过银行办理托收手续。（原始凭证12-1和12-2）

（13）5日，开转账支票一张，支付南海香格里拉酒店业务招待费。（原始凭证13-1和13-2）

（14）5日，职工王重新预借差旅费赴北京开信息交流会，现回来报销差旅费并交回多余款。（原始凭证14-1和14-2）

（15）5日，以现金支付行政科购买打印机硒鼓款。（原始凭证15）

（16）5日，向广东仁安电子有限公司销售B产品，收到一张不带息的、期限为6个月的银行承兑汇票。（原始凭证16-1和16-2）

（17）8日，偿还银行短期借款并结算利息。（原始凭证17-1和17-2）

（18）8日，通过银行转账发放上月职工工资。（原始凭证18）

（19）9日，开出转账支票一张，支付南海球阳大酒店业务招待费。（原始凭证19-1和19-2）

（20）9日，用现金支付购买支票款。（原始凭证20）

（21）9日，开转账支票上交上月未交增值税、城市维护建设税、教育费附加。（原始凭证21-1～21-4）

（22）9日，转让原购买深圳机电股份有限公司的股份，收到转账支票一张并送存银行。（原始凭证22-1和22-2）

（23）10日，以现金支付行政科购买办公用品款。（原始凭证23）

（24）10日，南海京都投资公司增加投资，收到转账支票一张，当日送存银行。（原始凭证24）

（25）11日，向南海宜新设备制造厂购入一车间需要安装设备一台，开出转账支票一张支付货款，设备交付安装。（原始凭证25-1和25-2）

（26）11日，向南海建材公司出售甲材料，开出增值税专用发票，且收到转账支票一张，当日送存银行。（原始凭证26-1和26-2）

（27）11日，请南海机电设备安装公司安装数控机床，以转账支票支付安装人工费；数控机床交付使用。（原始凭证27-1～27-3）

（28）12日，刘政出差回来报销差旅费，余款以现金支付。（原始凭证28）

（29）12日，用转账支票支付南海广告公司广告费。（原始凭证29-1和29-2）

（30）12日，向湖北新立电器有限公司销售A产品，款项委托银行办理委托收款手续。（原始凭证30-1和30-2）

（31）12日，向河北科林机电有限公司销售B产品，收到转账支票一张，当日送存银行。（原始凭证31-1和31-2）

（32）15日，收到南海塑料制品有限公司合同违约款。（原始凭证32）

（33）16日，一车间报销业务资料复印、打印费，以现金支付。（原始凭证33）

（34）16日，二车间报销货物搬运费，以现金支付。（原始凭证34）

（35）17日，开出期限为6个月期的银行承兑汇票一张，支付前欠上海轻化公司货款。（原始凭证35）

（36）17日，向广东仁安电子有限公司销售B产品，收到转账支票一张，并送存银行。（原始凭证36-1和36-2）

（37）17日，开出转账支票一张，预订下一年报纸杂志。（原始凭证37-1和37-2）

（38）17日，开转账支票一张，上交社会保险费。（原始凭证38-1和38-2）

（39）18日，一车间王彬预借差旅费赴广州参加新科技研讨会。（原始凭证39）

（40）18日，银行转来委托收款凭证收款通知单，收到销售产品款。（原始凭证40-1和40-2）

（41）19日，向南海万通公司购买IBM服务器一台，开出转账支票一张支付货款。服务器交财务部门使用。（原始凭证41-1～41-3）

（42）19日，从武汉金属材料公司购进乙材料，填制电汇凭证支付货款，并代垫运费，材料验收入库。（原始凭证42-1～42-4）

（43）20日，向南海慈善总会进行捐赠，以转账支票支付。（原始凭证43-1和43-2）

（44）22日，以现金支付市电信公司电话费。（原始凭证44）

（45）22日，从武汉金属材料公司购进乙材料，上月已预付部分货款，运费代垫，其余款暂欠。（原始凭证45-1～45-4）

（46）24日，计算本年度长期借款利息。（原始凭证46）

（47）24日，向南昌星海有限公司销售A产品，款暂欠。（原始凭证47）

（48）24日，开出转账支票一张，预付中国人民财产保险公司南海分公司下年度财产保险费。（原始凭证48-1和48-2）

（49）26日，向湖北新立电器有限公司销售B产品，收到转账支票一张并送存银行。（原始凭证49-1和49-2）

（50）26日，向武汉金属材料公司购进乙材料，货款以电汇方式支付，材料已验收入库。（原始凭证50-1～50-3）

（51）29日，开转账支票一张，支付南海供电公司电费，取得增值税专用发票一张。

（原始凭证51-1和51-2）

（52）29日，开转账支票一张，支付南海供水公司水费，取得增值税专用发票一张。（原始凭证52-1和52-2）

（53）29日，根据固定资产原值和月折旧率，计提本月固定资产折旧额。（原始凭证53）

（54）29日，计提本月短期借款利息。（原始凭证54）

（55）29日，摊销专利权。（原始凭证55）

（56）30日，收到广东设备有限公司前欠货款，款项送存银行。（原始凭证56）

（57）30日，按本月工资属性及用途分配工资费用。（原始凭证57）

（58）30日，按计划成本结转本月已验收入库的各种材料成本。（原始凭证58）

（59）30日，结转本月入库材料成本差异。（原始凭证59）

（60）31日，根据本月材料消耗情况，编制材料消耗汇总表，并在不同产品之间进行分配。（原始凭证60-1～60-16）

（61）31日，分配本月发出材料应负担的材料成本差异。（原始凭证61-1和61-2）

（62）31日，分配本月电费。（原始凭证62）

（63）31日，分配本月水费。（原始凭证63）

（64）31日，分配并结转辅助生产（机修车间）费用。（原始凭证64）

（65）31日，分配并结转制造费用（一车间只生产A产品，二车间只生产B产品）。（原始凭证65）

（66）31日，计算并结转完工产品的生产成本。（原始凭证66-1和66-2）

（67）31日，结转已销售产品的生产成本。（原始凭证67-1和67-2）

（68）31日，计算本月应交增值税，结转本月应交未交的增值税，按本月应交增值税额的7%计算本月应交城市维护建设税；按本月应交增值税税额的3%计算本月应交教育费附加，并转出本月未交增值税。（原始凭证68）

（69）31日，年末按"应收账款"和"其他应收款"期末余额的5‰提取坏账准备。（原始凭证69）

（70）31日，结转本月收入类账户余额至"本年利润"账户。（原始凭证70）

（71）31日，结转本月成本费用类账户余额至"本年利润"账户。（原始凭证71）

（72）31日，计算本月应交所得税，所得税税率为25%。（原始凭证72）

（73）31日，将本月的"所得税"结转至"本年利润"账户。

（74）31日，将本年的"本年利润"账户余额结转至"利润分配——未分配利润"账户。（原始凭证74）

（75）31日，按本年税后利润的10%提取法定盈余公积，60%分配股利。（原始凭证75）

（76）31日，将利润分配的其他明细账户的余额结转至"利润分配——未分配利润"。

模块三　会计综合实训资料

## 三、相关业务的原始凭证

原始凭证1-1

### 广东增值税专用发票

4401061620

发 票 联

No.01358279

开票日期：2018年12月1日

| 购货单位 | 名　　　称：佛山宏运股份有限公司 <br> 纳税人识别号：653296347657998966 <br> 地址、电话：佛山市禅城区季华路029号　86684732 <br> 开户行及账号：工商银行佛山季华支行　62278696548609 | 密码区 | （略） |
|---|---|---|---|

| 货物或应税劳务名称 | 规格型号 | 单位 | 数量 | 单价 | 金额 | 税率 | 税额 |
|---|---|---|---|---|---|---|---|
| 甲材料 | | 千克 | 9 000 | 10 | 90 000.00 | 16% | 14 400.00 |
| 合　　计 | | | | | 90 000.00 | | 14 400.00 |

| 价税合计（大写）⊗壹拾万零肆仟肆佰元整 | （小写）￥104 400.00 |
|---|---|

| 销货单位 | 名　　　称：广东金属材料有限公司 <br> 纳税人识别号：4401014362845294123 <br> 地址、电话：广州市三山路58号　020-59321476 <br> 开户行及账号：工商银行三山路支行　6592587441295932 | 备注 | |
|---|---|---|---|

收款人：　　　　　复核：　　　　　开票人：刘强　　　　　销货单位：（章）

第三联：发票联　购货方记账凭证

原始凭证1-2

### 货物运输业增值税专用发票

4200124760

抵 扣 联

No.00458002

4200124760
00458002

开票日期：2018年12月1日

| 承运人及纳税人识别号 | 广东佛山汽运有限公司320601783378451 | 密码区 | （略） |
|---|---|---|---|
| 实际受票方及纳税人识别号 | 佛山宏运股份有限公司653296347657998966 | | |
| 收货人及纳税人识别号 | 佛山宏运股份有限公司653296347657998966 | 发货人及纳税人识别号 | 广东金属材料有限公司 2659574362845294123 |
| 起运地、经由、到达地 | 广州–禅城 | | |

| 费用项目及金额 | 费用项目 | 金额 | 费用项目 | 金额 | 运输货物信息 | 甲材料 |
|---|---|---|---|---|---|---|
| | 货物运费 | 2 000.00 | | | | |

| 合计金额 | 2 000 | 税率 | 10% | 税额 | 200 | 机器编号 | 009988600500 |
|---|---|---|---|---|---|---|---|

| 价税合计（大写）⊗贰仟贰佰元整 | （小写）￥2200.00 |
|---|---|

| 车种车号 | | 车船吨位 | 千克 | 备注 | |
|---|---|---|---|---|---|
| 主管税务机关及代码 | 广东省地税局24206080001 | | | | |

收款人：张三　　　　复核人：李琴　　　　开票人：王小芳　　　　承运人：（章）

第二联：抵扣联　受票方扣税凭证

17

模块三 会计综合实训资料

原始凭证1-3

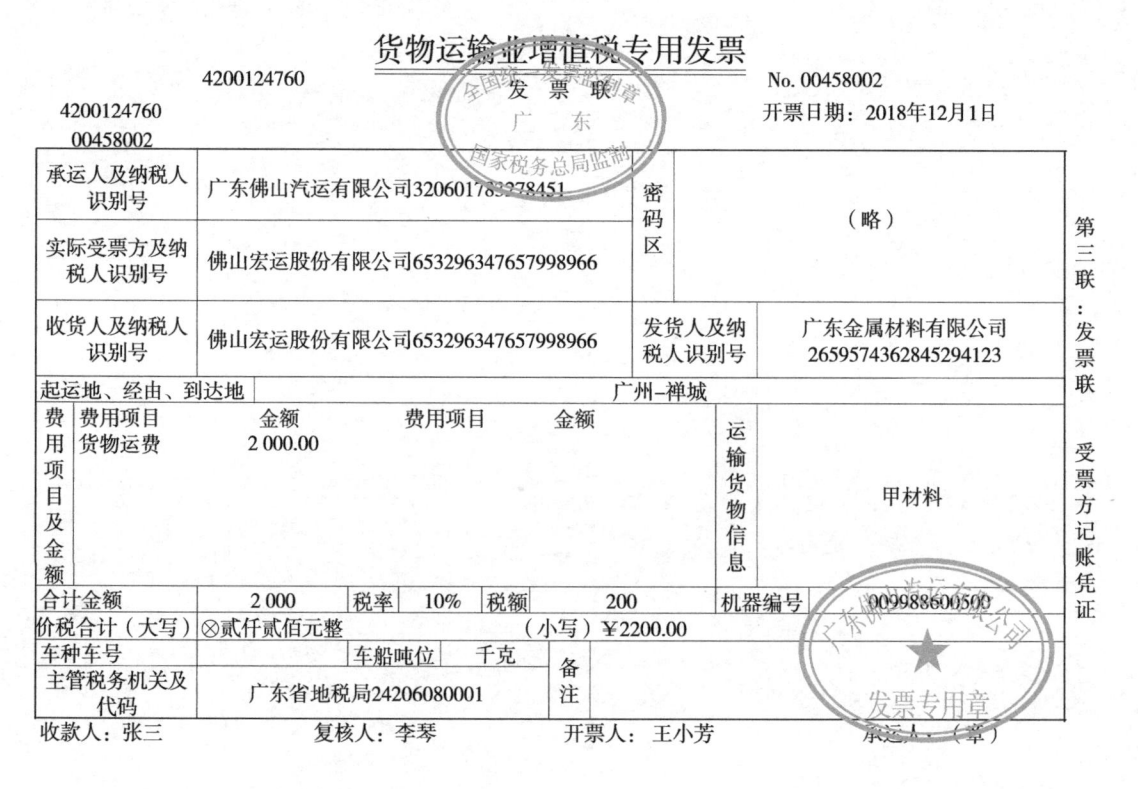

## 货物运输业增值税专用发票

4200124760                                                    No. 00458002

发 票 联

4200124760
00458002                                                    开票日期：2018年12月1日

| 承运人及纳税人识别号 | 广东佛山汽运有限公司320601783378451 | 密码区 | （略） | |
|---|---|---|---|---|
| 实际受票方及纳税人识别号 | 佛山宏运股份有限公司653296347657998966 | | | |
| 收货人及纳税人识别号 | 佛山宏运股份有限公司653296347657998966 | 发货人及纳税人识别号 | 广东金属材料有限公司2659574362845294123 | |
| 起运地、经由、到达地 | | 广州-禅城 | | |

| 费用项目及金额 | 费用项目 | 金额 | 费用项目 | 金额 | 运输货物信息 | 甲材料 |
|---|---|---|---|---|---|---|
| | 货物运费 | 2 000.00 | | | | |

| 合计金额 | 2 000 | 税率 | 10% | 税额 | 200 | 机器编号 | 009988600500 |
|---|---|---|---|---|---|---|---|

价税合计（大写）⊗贰仟贰佰元整                          （小写）￥2200.00

| 车种车号 | | 车船吨位 | 千克 | 备注 | |
|---|---|---|---|---|---|
| 主管税务机关及代码 | 广东省地税局24206080001 | | | | |

收款人：张三          复核人：李琴          开票人：王小芳          承运人：（章）

第三联：发票联 受票方记账凭证

---

原始凭证1-4

## 工商银行电汇凭单（回单）

币种：人民币                          2018年12月1日                          流水号：1112437688

| 汇款方式 | | □普通 | | □加急 | | | | | | | | | | |
|---|---|---|---|---|---|---|---|---|---|---|---|---|---|---|
| 汇款人 | 全 称 | 佛山宏运股份有限公司 | 收款人 | 全 称 | 广东金属材料有限公司 | | | | | | | | | |
| | 账 号 | 62278696548609 | | 账 号 | 6592587441295930 | | | | | | | | | |
| | 汇出行名称 | 工商银行佛山季华支行 | | 汇入行名称 | 工商银行三山路支行 | | | | | | | | | |

| （大写） | 壹拾万陆仟肆佰元整 | 亿 | 千 | 百 | 十 | 万 | 千 | 百 | 十 | 元 | 角 | 分 |
|---|---|---|---|---|---|---|---|---|---|---|---|---|
| | | | | ￥ | 1 | 0 | 6 | 4 | 0 | 0 | 0 | 0 |

| 支付密码 | |
|---|---|
| 附加信息及用途 | |

汇出行签章                          复核                          记账

此联汇出行给汇款人的回单

19

原始凭证1-5

# 收 料 单

No.0013753

请购单位 三联式

发票号数01358279　　　　　　　　2018年12月1日　　　　　　　　收字第1201号

| 材料 | | 单位 | 数量 | 发票金额 | | | | | | | | | | 应摊运杂费 | 实际金额 | | | | | | | | | | 第二联：财务部门 |
|---|---|---|---|---|---|---|---|---|---|---|---|---|---|---|---|---|---|---|---|---|---|---|---|---|---|
| 编号 | 名称及规格 | | | 单价 | 金额 | | | | | | | | | | 单价 | 金额 | | | | | | | | | |
| | | | | | 十 | 万 | 千 | 百 | 十 | 元 | 角 | 分 | | | 十 | 万 | 千 | 百 | 十 | 元 | 角 | 分 | |
| | 甲材料 | 千克 | 9 000 | 10 | ¥ | 9 | 0 | 0 | 0 | 0 | 0 | 0 | 1 780 | | ¥ | 9 | 1 | 7 | 8 | 0 | 0 | 0 | |
| | | | | | | | | | | | | | | | | | | | | | | | |
| | | | | | | | | | | | | | | | | | | | | | | | |
| | | | | | | | | | | | | | | | | | | | | | | | |
| | | | | | | | | | | | | | | | | | | | | | | | |

核准：　　　　会计：　　　　记账：　　　　保管：　　　　供应：　　　　验收：

原始凭证2

# 报销凭证粘贴单

| 领导审批 | 李诚 | 2018年12月1日 |
|---|---|---|

| 佛山市饮食、娱乐服务业定额统一发票 发票联 发票代码：242060871400 发票号码：09150059 | 佛山市饮食、娱乐服务业定额统一发票 发票联 发票代码：242060871400 发票号码：09150059 | 单据共2张 |
|---|---|---|
| | | 共计金额150元 |
| 人民币 壹佰元 （大写） 发票专用章： 开据日期：　　年　月　日 | 伍拾元 现金付讫 年　月　日 | 报销原因　招待客户 |
| | | 报销人　王华 |
| | | 复核　刘长义 |

模块三 会计综合实训资料

原始凭证3-1

## 湖北增值税专用发票

4401061620

No.0575958

全国发票统一联制章
湖北
国家税务总局监制

开票日期：2018年12月1日

| 购货单位 | 名　　称：佛山宏运股份有限公司 |
| --- | --- |
| | 纳税人识别号：653296347657998966 |
| | 地址、电话：佛山市禅城区季华路029号　86684732 |
| | 开户行及账号：工商银行佛山季华支行　62278696548609 |

密码区 （略）

第三联：发票联 购货方记账凭证

| 货物或应税劳务名称 | 规格型号 | 单位 | 数量 | 单价 | 金额 | 税率 | 税额 |
| --- | --- | --- | --- | --- | --- | --- | --- |
| 乙材料 | | 千克 | 6 000 | 10.5 | 63 000.00 | 16% | 10 080.00 |
| 合　计 | | | | | 63 000.00 | | 10 080.00 |

| 价税合计（大写） | ⊗柒万叁仟零捌拾元整 | （小写）￥73 080.00 |
| --- | --- | --- |

| 销货单位 | 名　　称：武汉金属材料公司 |
| --- | --- |
| | 纳税人识别号：4201011878674839251 |
| | 地址、电话：武汉市解放路162号　83531446 |
| | 开户行及账号：工商银行解放路支行　82459672313585 |

备注

武汉金属材料公司
4201011878674839251
发票专用章

收款人：　　　　复核：　　　　开票人：刘东　　　　销货单位：（章）

原始凭证3-2

中国工商银行
转账支票存根
XIV87233501

附加信息

出票日期　2018年12月1日

收款人：武汉金属材料公司

金　　额：￥73 080.00

用　　途：支付材料款

单位主管　　　　会计

23

原始凭证3-3

# 收 料 单
## 三联式

No.0013753

请购单位

发票号数0575958　　　　　　　　　2018年12月1日　　　　　　　　　收字第1202号

| 材料 | | 单位 | 数量 | 发票金额 | | | | | | | | | 应摊运杂费 | 实际金额 | | | | | | | | | 第二联：财务部门 |
| 编号 | 名称及规格 | | | 单价 | 金额 | | | | | | | | | 单价 | 金额 | | | | | | | | |
| | | | | | 十 | 万 | 千 | 百 | 十 | 元 | 角 | 分 | | | 十 | 万 | 千 | 百 | 十 | 元 | 角 | 分 | |
| | 乙材料 | 千克 | 6 000 | 10.5 | ¥ | 6 | 3 | 0 | 0 | 0 | 0 | 0 | | | ¥ | 6 | 3 | 0 | 0 | 0 | 0 | 0 | |
| | | | | | | | | | | | | | | | | | | | | | | | |
| | | | | | | | | | | | | | | | | | | | | | | | |
| | | | | | | | | | | | | | | | | | | | | | | | |
| | | | | | | | | | | | | | | | | | | | | | | | |

核准：　　　会计：　　　记账：　　　保管：　　　供应：　　　验收：

原始凭证4

模块三　会计综合实训资料

原始凭证5-1

## 广东增值税专用发票

3200061620　　　　　　发　票　联　　　　　　No.01358348

国家税务总局监制

开票日期：2018年12月2日

| 购货单位 | 名　　　　称：佛山宏运股份有限公司<br>纳税人识别号：653296347657998966<br>地　址、电话：佛山市禅城区季华路029号　86684732<br>开户行及账号：工商银行佛山季华支行　62278696548609 | | | 密码区 | （略） | | | 第三联：发票联　购货方记账凭证 |
|---|---|---|---|---|---|---|---|---|
| 货物或应税劳务名称 | 规格型号 | 单位 | 数量 | 单价 | 金额 | 税率 | 税额 | |
| 汽车维修费 | | | 1 | 700 | 700.00 | 16% | 112.00 | |
| 合　计 | | | | | 700.00 | | 112.00 | |
| 价税合计（大写） | ⊗捌佰壹拾贰元整 | | | | （小写）￥812.00 | | | |
| 销货单位 | 名　　　　称：南海虹星汽车维修厂<br>纳税人识别码：3209174332545293226<br>地　址、电话：佛山市建设路155号　87821216<br>开户行及账号：工商银行建设路支行　65215889412932 | | | 备注 | 南海虹星汽车维修厂<br>3209174332545293226<br>发票专用章 | | | |

收款人：　　　　　复核：　　　　　开票人：王玲　　　　　销货单位：（章）

原始凭证5-2

模块三 会计综合实训资料

原始凭证6-1

## 中国电信有限公司南海分公司电信业务专用发票

发票联

242060840091
01304325

客户名称：佛山宏运股份有限公司　　　　　客户号码：

开户银行：工商银行佛山季华支行　　　　　银行账号：62278696548609

计费周期：一年　　　　合同号：30274521 086707658422325　　填开日期：2018年12月2日

| 宽带上网费 | |
| --- | --- |
| 合计金额（大写）陆仟叁佰元整 | ￥6 300.00 |
| 备注： | |

收款人：李萌　　　　　收款单位：　　　　　　　　　　　　（收款方盖章有效）

第二联：发票联

原始凭证6-2

中国工商银行
转账支票存根
XIV87233503

附加信息

出票日期　2018年12月2日
收款人：中国电信有限公司南海分公司
金　额：￥6 300.00
用　途：上网费
单位主管　　　　会计

29

模块三　会计综合实训资料

原始凭证7-1

中 华 人 民 共 和 国
税 收 通 用 缴 款 书

地

隶属关系：　　　　　　　　　　　　　　　　海地缴电：　No.1222984

注册类型：其他有限责任公司　　填发日期:2018年12月2日　　征收机关：佛山市南海区地方税务局

| 缴款单位 | 代　码 | 678596784657668000 | 预算科目 | 编号 | 101450187 |
|---|---|---|---|---|---|
| | 全　称 | 佛山宏运股份有限公司 | | 名称 | 地方各税 |
| | 开户银行 | 工商银行佛山季华支行 | | 级次 | 地市100% |
| | 账　号 | 62278696548609 | | 收款国库 | 南海农行代理金库 |

| 税款所属时期 | 2016年11月01日至2016年11月30日 | 税款限缴日期2016年12月15日 |
|---|---|---|

| 品目名称 | 课税数量 | 计税金额或销售收入 | 税率或单位税额 | 已缴或扣税额 | 实缴金额 |
|---|---|---|---|---|---|
| 车船使用税 | | 183.00 | | | 183.00 |

| 金额合计 | （大写）人民币壹佰捌拾叁元整 | ¥183.00 |
|---|---|---|

| 缴款单位（人）（盖章）经办人（章） | 税务机关（盖章）填票人（章）： | 上列款项已收妥并划转收款单位账户国库（银行）盖章 | 备注 |
|---|---|---|---|

逾期不缴按税法规定加收滞纳金

（右侧竖排）无银行收讫章无效　　第一联（收据）国库（经收处）收款盖章后　　缴款单位（人）作完税凭证

原始凭证7-2

中国工商银行
转账支票存根
XIV8723357

附加信息

出票日期　2018年12月2日
收款人：佛山市南海区地方税务局
金　额：¥183.00
用　途：支付车船使用税

单位主管　　　　　　会计

31

原始凭证8-1

上海证券公司南海营业部交割凭证

2018年12月2日

| 成交过户交割凭单 | |
|---|---|
| 股东编号：A11564321<br>电脑编号：23348<br>公司编号：1639 | 成交证券：南海能源<br>成交数量：10 000股<br>成交价格：6.60元 |
| 申请编号：295<br>申报时间：9:50<br>成交时间：10:20 | 成交金额：66 000.00元<br>标准佣金：0元<br>过户费用：500元 |
| 上次余额：10 000股<br>本次成交：10 000股<br>本次余额：0股 | 印花税：500元<br>附加费用：0元<br>应收金额：65 000.00元<br>应付金额：0元 |

原始凭证8-2

中国工商银行转账进账单（回单）

2018年12月3日

| | 全　　称 | 佛山宏运股份有限公司 | | 全　　称 | 上海证券公司南海营业部 | 千 | 百 | 十 | 万 | 千 | 百 | 十 | 元 | 角 | 分 |
|---|---|---|---|---|---|---|---|---|---|---|---|---|---|---|---|
| 收款人 | 账　　号 | 62278696548609 | 付款人 | 账　　号 | 45396835767708 | | | | | | | | | | |
| | 开户银行 | 工商银行佛山季华支行 | | 开户银行 | 工商银行渤海路支行 | | | | | | | | | | |
| 人民币<br>（大写） | | 陆万伍仟元整 | | | | | | ¥ | 6 | 5 | 0 | 0 | 0 | 0 | 0 |
| 票据种类 | | 汇票 | | | | | | | | | | | | | |
| 票据张数 | | 壹 | | | | | | | | | | | | | |
| 单位主管　　会计　　复核　　记账 | | | | | | 收款人开户行盖章 | | | | | | | | | |

原始凭证9

## 中国电信有限公司南海分公司业务收费专用发票

242060840091
01303402

发票联

客户名称：佛山宏运股份有限公司 客户号码：

开户银行：工商银行佛山季华支行 银行账号：62278696548609

计费周期：一年 合同号：40277221 080507654222765 填开日期：2018年12月4日

网上申报服务费

合计金额（大写）贰佰玖拾元整 ￥290.00

备注：

现金付讫

收款人：李萌 收款单位： （收款方盖章有效）

第二联：发票联

原始凭证10

## 借　　据

借款单位：行政管理部门 2018年12月4日

借款事由：_____出差_____

人民币（大写）：_____贰仟元整_____ ￥2 000.00

批准人：_____张正_____

现金付讫

单位负责人：_____张正_____ 借款人：_____刘政_____

模块三 会计综合实训资料

原始凭证11

## 广东增值税普通发票

发 票 联

142060823503
00557477

客户名称：佛山宏运股份有限公司

2018年12月4日

| 名称及规格 | 货物或劳务名称 | 单 位 | 数 量 | 单 价 | 千 | 百 | 十 | 元 | 角 | 分 |
|---|---|---|---|---|---|---|---|---|---|---|
| 97#汽油 | | 升 | 100 | 5.90 | ¥ | 5 | 9 | 0 | 0 | 0 |
| | | | | | | | | | | |
| | | | | | | | | | | |
| | | | | | | | | | | |
| 金额（大写） 伍佰玖拾元整 | | ¥590.00 | | | | | | | | |

现金付讫

销售单位：（盖章）　　　　　　　　　　　　　开票人：李聪　　　　　收款人：

②付款方报销凭证

原始凭证12-1

## 广东增值税专用发票

3200081640

此联不作报销、扣税凭证使用

No.01362243

开票日期：2018年12月4日

| 购货单位 | 名　　　称：湖北新立电器有限公司<br>纳税人识别号：440606706814822<br>地址、电话：武汉市江汉区台北路7912号　84601111<br>开户行及账号：工商银行江汉路支行　287343081821097 | | | | 密码区 | （略） | | |
|---|---|---|---|---|---|---|---|---|
| 货物或应税劳务名称 | 规格型号 | 单位 | 数量 | 单价 | 金额 | 税率 | 税额 | |
| A产品 | | 件 | 900 | 200 | 180 000.00 | 16% | 28 800.00 | |
| | | | | | | | | |
| 合　计 | | | | | 180 000.00 | | 28 800.00 | |
| 价税合计（大写）　⊗贰拾万捌仟捌佰元整　　　　　（小写）¥208 800.00 | | | | | | | | |
| 销货单位 | 名　　　称：佛山宏运股份有限公司<br>纳税人识别号：653296347657998966<br>地址、电话：佛山市禅城区季华路029号　86684732<br>开户行及账号：工商银行佛山季华支行　62278696548609 | | | | 备注 | | | |

收款人：刘丽好　　　复核：刘长义　　　开票人：李莹　　　销货单位：（章）

第一联：记账联 销货方记账凭证

37

模块三 会计综合实训资料

原始凭证12-2

# 托收凭证（受理回单）1

委托日期 2018年12月4日

| 类型 | | 委托收款（□邮划，□电划） 托收承付（□邮划，□电划） | | | | | | | | | | | |
|---|---|---|---|---|---|---|---|---|---|---|---|---|---|
| 付款人 | 全称 | 湖北新立电器有限公司 | 收款人 | 全 称 | 佛山宏运股份有限公司 | | | | | | | | |
| | 账号 | 287343081821097 | | 账 号 | 62278696548609 | | | | | | | | |
| | 地址 | 武汉市 市县 开户行 工商银行江汉路支行 | | 地址 | 佛山市 市县 开户行 工商银行佛山季华支行 | | | | | | | | |

| 金额 | 人民币（大写） | 贰拾壹万零陆佰元整 | 亿 | 千 | 百 | 十 | 万 | 千 | 百 | 十 | 元 | 角 | 分 |
|---|---|---|---|---|---|---|---|---|---|---|---|---|---|
| | | | | | ¥ | 2 | 1 | 0 | 6 | 0 | 0 | 0 | 0 |

| 款项内容 | 货款 | 托收凭证名称 | 托收承付 | 附单据张数 | 1 |
|---|---|---|---|---|---|
| 商品发运情况 | | 已发运 | 合同名称号码 | | |

| 备注： | 款项收妥日期 | |
|---|---|---|
| 复核： 记账： | 年 月 日 | 收款人开户银行盖章 月 日 |

此联是收款人开户银行给收款人的回单

原始凭证13-1

# 报销凭证粘贴单

| | 领导审批 李诚 | 2018年12月5日 |
|---|---|---|

| 佛山市饮食、娱乐服务业定额统一发票<br><br>　　　发票联<br><br>　　　发票代码：242060871400<br><br>　　　发票号码：09150059<br><br>人民币 壹仟元<br>（大写）<br>发票专用章：<br>开据日期：<br>　　　　　年 月 日 | 单据共1张 | |
|---|---|---|
| | 共计金额1 000元 | |
| | 报销原因 | 招待客户 |
| | 报销人 | 李盛 |
| | 复核 | 刘长义 |

转账付讫

39

原始凭证13-2

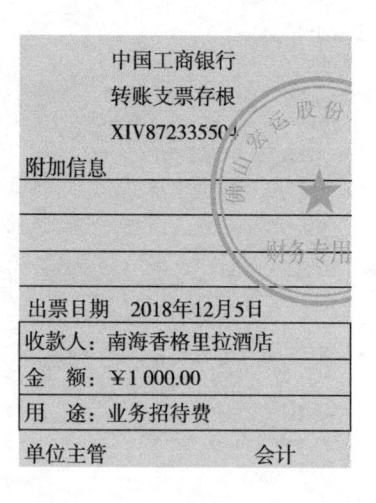

| 中国工商银行 |
| --- |
| 转账支票存根 |
| XIV87233550 |
| 附加信息 |
| |
| |
| 出票日期　2018年12月5日 |
| 收款人：南海香格里拉酒店 |
| 金　　额：￥1 000.00 |
| 用　　途：业务招待费 |
| 单位主管　　　　　　会计 |

原始凭证14-1

# 差旅费报销单

2018年12月5日

| 出差人：王重新 | | | | | 事由：赴北京开会 | | | | | | | | | |
| --- | --- | --- | --- | --- | --- | --- | --- | --- | --- | --- | --- | --- | --- | --- |
| 起止时间及地点 | | | | | 交通费 | | | 出差补贴 | | | | 其他 | | |
| 月 | 日 | 起点 | 月 | 日 | 终点 | 交通工具 | 单据张数 | 金额 | 项目 | 人数 | 天数 | 补贴标准 | 金额 | 项目 | 单据张数 | 金额 |
| 11 | 23 | 佛山 | 11 | 23 | 北京 | 飞机 | 1 | 2 400 | 补贴 | 1 | 10 | 200 | 2 000 | 住宿费 | 4 | 2 800 |
| 12 | 3 | 北京 | 12 | 3 | 佛山 | 飞机 | 1 | 2 400 | | | | | | | | |
| | | | | | | 出租车 | 5 | 200 | | | | | | | | |
| | | | | | | | | | | | | | | | | |
| | | | | | | | | | | | | | | | | |
| | | | | | | | | | | | | | | | | |
| 合计（大写） | | 人民币玖仟捌佰元整 | | | | | | ￥9 800.00 | | | 预支旅费 | 10 000 | | 退回金额 | 200 | |
| | | | | | | | | | | | | | | 补领金额 | | |

附单据11张

原始凭证14-2

## 收 款 收 据

收款日期：2018年12月5日　　　　　　　　　　　　No.23455

今收到：　王重新

交　来：　出差余款

人民币（大写）　贰佰元整　　　　　　　　¥200.00

收款单位：（印章）财务专用章　　收款人：　　　　　　　经办人：

原始凭证15

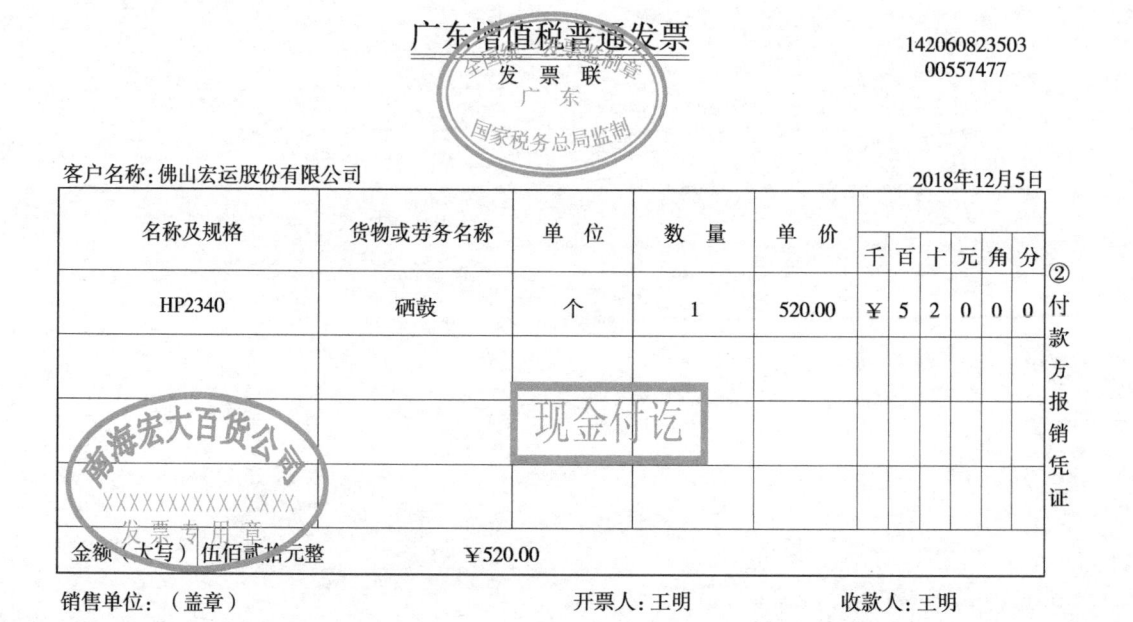

## 广东增值税普通发票

发票联

142060823503
00557477

客户名称：佛山宏运股份有限公司　　　　　　　　　　　2018年12月5日

| 名称及规格 | 货物或劳务名称 | 单 位 | 数 量 | 单 价 | 千 | 百 | 十 | 元 | 角 | 分 | |
|---|---|---|---|---|---|---|---|---|---|---|---|
| HP2340 | 硒鼓 | 个 | 1 | 520.00 | ¥ | 5 | 2 | 0 | 0 | 0 | ②付款方报销凭证 |
|  |  |  |  |  |  |  |  |  |  |  | |
|  |  |  | 现金付讫 |  |  |  |  |  |  |  | |
| 金额（大写）伍佰贰拾元整 |  | ¥520.00 |  |  |  |  |  |  |  |  | |

销售单位：（盖章）　　　　　　开票人：王明　　　　　收款人：王明

模块三 会计综合实训资料

原始凭证16-1

## 广东增值税专用发票

此联不作报销、扣税凭证使用

4200081640                                    No.01362240

开票日期：2018年12月5日

| 购货单位 | 名　　　称：广东仁安电子有限公司<br>纳税人识别号：440606706814813<br>地址、电话：广州市天河区台北路1432号　63364540<br>开户行及账号：工商银行广州市天河支行　28734308121097 | 密码区 | （略） |
|---|---|---|---|

| 货物或应税劳务名称 | 规格型号 | 单位 | 数量 | 单价 | 金额 | 税率 | 税额 |
|---|---|---|---|---|---|---|---|
| B产品 | | 件 | 800 | 185 | 148 000.00 | 16% | 23 680.00 |
| 合　计 | | | | | 148 000.00 | | 23 680.00 |

| 价税合计（大写） | ⊗壹拾柒万壹仟陆佰捌拾元整 | （小写）￥171 680.00 |
|---|---|---|

| 销货单位 | 名　　　称：佛山宏运股份有限公司<br>纳税人识别号：653296347657998966<br>地址、电话：佛山市禅城区季华路029号　86684732<br>开户行及账号：工商银行佛山季华支行　62278696548609 | 备注 | |
|---|---|---|---|

收款人：刘丽好　　　　复核：刘长义　　　　开票人：李莹　　　　销货单位：（章）

原始凭证16-2

## 银行承兑汇票2

C A14273546
01

出票日期　贰零壹捌 年 壹拾贰 月 零伍 日
（大写）

| 出票人全称 | 广东仁安电子有限公司 | 收款人 | 全　称 | 佛山宏运股份有限公司 | | | | | | | | | | |
|---|---|---|---|---|---|---|---|---|---|---|---|---|---|---|
| 出票人账号 | 28734308121097 | | 账　号 | 62278696548609 | | | | | | | | | | |
| 付款人全称 | 工商银行广州市天河支行 | | 开户银行 | 工商银行佛山季华支行 | | | | | | | | | | |
| 出票金额 | 人民币（大写）　壹拾柒万壹仟陆佰捌拾元整 | | | | 千 | 百 | 十 | 万 | 千 | 百 | 十 | 元 | 角 | 分 |
| | | | | | ￥ | 1 | 7 | 1 | 6 | 8 | 0 | 0 | 0 | 0 |
| 汇票到期日（大写） | 贰零壹玖年陆月零伍日 | 付款人 | 行号 | 14525356 | | | | | | | | | | |
| 承兑协议编号 | 1133133 | | 地址 | 广州市天河区天河路453号 | | | | | | | | | | |

本汇票请你行承兑，到期无条件付款。　本汇票已经承兑，到期由本行付款。

承兑行签章
承兑日期　年　月　日

出票人签章　　　备注：　　　　　　　　　复核　　记账

原始凭证17-1

## 中国工商银行贷款还款凭证

贷款种类          2018年12月8日          第 号

| 还款单位 | 名称 | 佛山宏运股份有限公司 | | | | | | | | | | | | |
|---|---|---|---|---|---|---|---|---|---|---|---|---|---|---|
| | 付款账号 | 62278696548609 | 贷款账号 | | | | | | | | | | | |
| | 开户银行 | 工商银行佛山季华支行 | 开户银行 | | | | | | | | | | | |

| | | | 千 | 百 | 十 | 万 | 千 | 百 | 十 | 元 | 角 | 分 |
|---|---|---|---|---|---|---|---|---|---|---|---|---|
| 本次还款金额 | 人民币<br>（大写）贰万元整 | | | | ￥ | 2 | 0 | 0 | 0 | 0 | 0 | 0 |
| 摘要 | 归还短期周转贷款 | 累计还款 | | | | | | | | | | |

上述借款额请从本单位_____存款记中支付

（还款单位盖章）

       年 月 日

科目（借）_____

对方科目（贷）_____

       复核        记账

原始凭证17-2

## 应付短期借款利息结算单

付息单位：佛山宏运股份有限公司               2018年12月8日

| | |
|---|---|
| 借款开始时间 | 2018年8月8日 |
| 本金 | 20 000 |
| 月利率 | 0.50% |
| 月利息 | 100元 |
| 起息日 | 2018年8月8日 |
| 止息日 | 2018年12月8日 |
| 应付利息 | 222.58元 |

模块三　会计综合实训资料

原始凭证18

## 中国工商银行网上电子回单

| 付款人 | 户　　名 | 佛山宏运股份有限公司 | 收款人 | 户　　名 | |
|---|---|---|---|---|---|
| | 账　　号 | 62278696548609 | | 账　　号 | |
| | 开户银行 | 工商银行佛山季华支行 | | 开户银行 | |
| 金额 | | 人民币（大写）：贰拾万零伍仟叁佰捌拾贰元肆角柒分 | | ￥205 382.47 | |
| 摘要 | | 工资 | 业务（产品）种类 | 代理业务 | |
| 用途 | | 支付职工工资 | | | |
| 交易流水号 | | 00000 | 时间 | 2018-12-08 | |

备注：批次号：HEZ354423062　　提交人：csly01.c1102　　授权人：csly05.1102

| 记账网点 | 0209 | 记账柜员 | 00001 | 记账日期 | 2018年12月8日 |
|---|---|---|---|---|---|

打印日期：2018年12月9日

原始凭证19-1

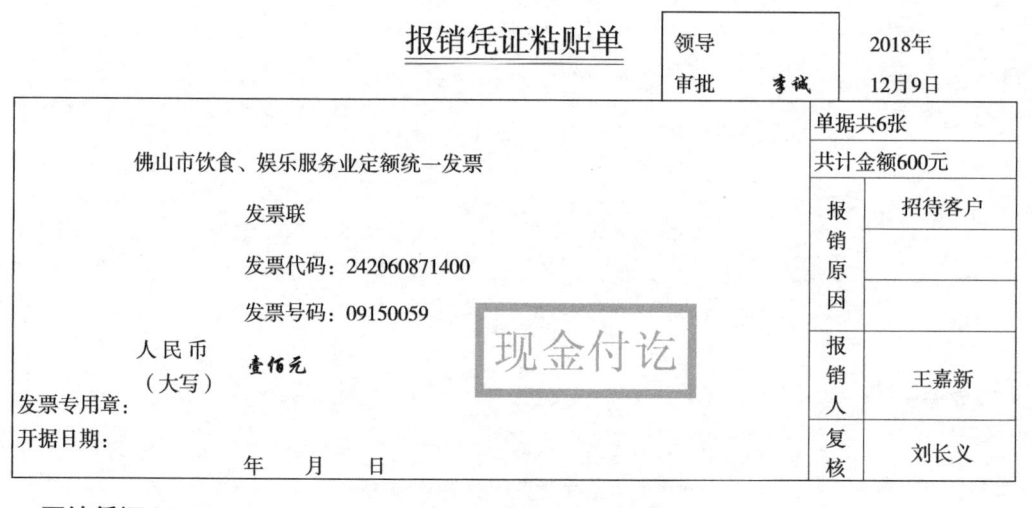

原始凭证19-2

49

原始凭证20

## 中国工商银行结算业务收款凭证（回单）

2018年12月9日

| 付款人 | 全称 | 佛山宏运股份有限公司 | | | | | | | | 收款人 | 全称 | 中国工商银行佛山南海分行处 | | | |
|---|---|---|---|---|---|---|---|---|---|---|---|---|---|---|---|
| | 开户银行 | 工商银行佛山季华支行 | 账号 | 62278696548609 | | | | | | | 开户银行 | | | 账号 | |

| 结算内容 | 笔数 | 应收费用 | | | | | | | | | | | | | | | | | 备注： | | | |
|---|---|---|---|---|---|---|---|---|---|---|---|---|---|---|---|---|---|---|---|---|---|---|
| | | 手续费 | | | | | 邮电费 | | | | | 小计 | | | | | | | | | | |
| | | 百 | 十 | 元 | 角 | 分 | 百 | 十 | 元 | 角 | 分 | 百 | 十 | 元 | 角 | 分 | | | | | |
| 现金支票 | 2 | | 2 | 0 | 0 | 0 | | | | | | | 2 | 0 | 0 | 0 | | | | | |
| 转账支票 | 2 | | 2 | 0 | 0 | 0 | | | | | | | 2 | 0 | 0 | 0 | | 会计分录 借_____ 贷_____ | | | |
| | | | | | | | | | | | | ¥ | 4 | 0 | 0 | 0 | | | | | |

合计金额（人民币大写）肆拾元整　　　　　　　　　　　　　　　　　　　　复核员　李兰

第一联银行盖章后退回单位

原始凭证21-1

# 中 华 人 民 共 和 国
# 税 收 通 用 缴 款 书

国

隶属关系：　　　　　　　　　　　　　　　　　　海地缴电：No.1353356

注册类型：其他有限责任公司　　　填发日期：2018年12月9日　　　征收机关：佛山市南海区国家税务局

| 缴款单位 | 代　码 | 6785967846576680000 | | 预算科目 | 编号 | 101010103 |
|---|---|---|---|---|---|---|
| | 全　称 | 佛山宏运股份有限公司 | | | 名称 | 股份制企业增值税 |
| | 开户银行 | 工商银行佛山季华支行 | | | 级次 | 中央75%省8%县区17% |
| | 账　号 | 62278696548609 | | | 收款国库 | 南海农行代理金库 |
| 税款所属时期 | | 2018年11月01日至2018年11月30日 | | 税款限缴日期2018年12月15日 | | |

| 品目名称 | 课税数量 | 计税金额或销售收入 | 税率或单位税额 | 已缴或扣税额 | 实缴金额 |
|---|---|---|---|---|---|
| 增值税 | | 687 272.00 | 16% | ¥91 214.34 | 18 749.18 |
| | | | | | |
| 金额合计 | （大写）人民币壹万捌仟柒佰肆拾玖元壹角捌分 | | | | ¥18 749.18 |

中国工商银行佛山季华支行
2018年12月9日

| 缴款单位（人）（盖章） 经办人（章） | 税务机关（章）填票人（章）： | 上列款项已收妥并划转收款单位账户 国库（银行）盖章 | 备注 |
|---|---|---|---|

征税专用章　　逾期不缴按税法规定加收滞纳金

第一联（收据）国库（经收处）收款盖章后　缴款单位（人）作完税凭证

无银行收讫章无效

原始凭证21-2

# 中华人民共和国
# 税收通用缴款书

 地

隶属关系：

海地缴电：No.1235976

注册类型：其他有限责任公司　　填发日期：2018年12月9日　　征收机关：佛山市南海区地方税务局

| 缴款单位 | 代　码 | 678596784657668000 | 预算科目 | 编号 | 101450187 |
|---|---|---|---|---|---|
| | 全　称 | 佛山宏运股份有限公司 | | 名称 | 地方各税 |
| | 开户银行 | 工商银行佛山季华支行 | | 级次 | 地市100% |
| | 账　号 | 62278696548609 | 收款国库 | | 南海农行代理金库 |

| 税款所属时期 | 2018年11月01日至2018年11月30日 | 税款限缴日期2018年12月15日 |
|---|---|---|

| 品目名称 | 课税数量 | 计税金额或销售收入 | 税率或单位税额 | 已缴或扣税额 | 实缴金额 |
|---|---|---|---|---|---|
| 城建税 | | 18 749.18 | 7% | | 1 312.44 |
| 教育费附加 | | 18 749.18 | 3% | | 562.48 |
| | | | | | |
| 金额合计 | （大写）人民币壹仟捌佰柒拾肆元玖角贰分 | | | | ￥1 874.92 |

中国工商银行佛山季华支行
2018年12月9日

| 缴款单位（人）（盖章）<br>经办人（章） | 税务机关（盖章）<br>填票人（章）： | 上列款项已收妥并划转收款单位账户<br>国库（银行）盖章 | 备注 |
|---|---|---|---|

逾期不缴按税法规定加收滞纳金

（左侧竖排文字：无银行收讫章无效　缴款单位（人）作完税凭证　国库（经收处）收款盖章后）

---

原始凭证21-3　　　　　　　　　　　原始凭证21-4

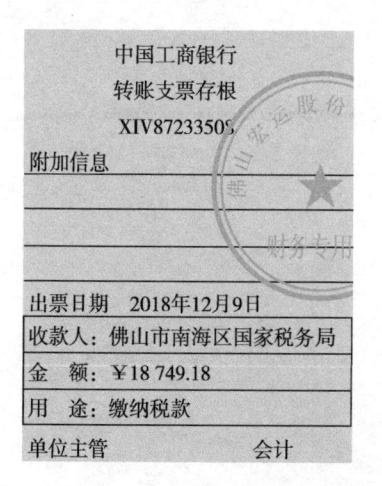

中国工商银行
转账支票存根
XIV87233509

附加信息 _____

出票日期　2018年12月9日

| 收款人： | 佛山市南海区国家税务局 |
|---|---|
| 金　额： | ￥18 749.18 |
| 用　途： | 缴纳税款 |

单位主管　　　　会计

中国工商银行
转账支票存根
XIV87233509

附加信息 _____

出票日期　2018年12月9日

| 收款人： | 佛山市南海区地方税务局 |
|---|---|
| 金　额： | ￥1 874.92 |
| 用　途： | 缴纳税款 |

单位主管　　　　会计

原始凭证22-1

## 上海证券南海营业部交割凭证

2018年12月9日

| 成交过户交割凭单 | |
|---|---|
| 股东编号：A168281342<br>电脑编号：83576<br>公司编号：9876 | 成交证券：深圳机电<br>成交数量：20 000股<br>成交价格：3.02元 |
| 申请编号：493<br>申报时间：10:00<br>成交时间：10:30 | 成交金额：60 400.00元<br>标准佣金：0元<br>过户费用：200元 |
| 上次余额：2 0000股<br>本次成交：2 0000股<br>本次余额：0股 | 印花税：　200元<br>附加费用：0元<br>应收金额：60 000.00元<br>应付金额：0元 |

原始凭证22-2

## 中国工商银行进账单（回单）1

2018年12月9日

| 收款人 | 全　　称 | 佛山宏运股份有限公司 | 付款人 | 全　　称 | 上海证券公司南海营业部 | | | | | | | | | | | 此联是收款人开户银行交给收款人的回单或收账通知 |
|---|---|---|---|---|---|---|---|---|---|---|---|---|---|---|---|---|
| | 账　　号 | 62278696548609 | | 账　　号 | 45396835767708 | | | | | | | | | | | |
| | 开户银行 | 工商银行佛山季华支行 | | 开户银行 | 工商银行渤海路支行 | | | | | | | | | | | |
| 人民币<br>（大写） | | 陆万元整 | | | | 千 | 百 | 十 | 万 | 千 | 百 | 十 | 元 | 角 | 分 | |
| | | | | | | | ¥ | 6 | 0 | 0 | 0 | 0 | 0 | 0 | 0 | |
| 票据种类 | | 支票 | | | | | | | | | | | | | | |
| 票据张数 | | 壹 | | | | | | | | | | | | | | |
| 单位主管　　会计　　复核　　记账 | | | | | | | | 收款人开户行盖章 | | | | | | | | |

原始凭证23

## 广东增值税普通发票

### 发票联

142060823503
00327412

客户名称： 佛山宏运股份有限公司　　　　　　　　　　2018年12月10日

| 名称及规格 | 货物或劳务名称 | 单 位 | 数 量 | 单 价 | 千 | 百 | 十 | 元 | 角 | 分 |
|---|---|---|---|---|---|---|---|---|---|---|
| 文件夹 | | 个 | 20 | 12.00 | ¥ | 2 | 4 | 0 | 0 | 0 |
| 笔记本 | | 本 | 20 | 10.00 | ¥ | 2 | 0 | 0 | 0 | 0 |
| 计算器 | | 个 | 5 | 30.00 | ¥ | 1 | 5 | 0 | 0 | 0 |
| | | | | | | | | | | |

现金付讫

② 付款方报销凭证

金额（大写）伍佰玖拾元整　　　　　　　　　¥590.00

销售单位：（盖章）　　　　　　　　开票人：李莹　　　　　　收款人：

---

原始凭证24

## 中国工商银行进账单（回单）1

2018年12月10日

| 收款人 | 全　称 | 佛山宏运股份有限公司 | 付款人 | 全　称 | 南海京都投资公司 | 此联是收款人开户银行交给收款人的回单或收账通知 |
|---|---|---|---|---|---|---|
| | 账　号 | 62278696548609 | | 账　号 | 2316464356416210 | |
| | 开户银行 | 工商银行佛山季华支行 | | 开户银行 | 工商银行建设路支行 | |

| 人民币（大写） | 伍拾万元整 | 千 | 百 | 十 | 万 | 千 | 百 | 十 | 元 | 角 | 分 |
|---|---|---|---|---|---|---|---|---|---|---|---|
| | | | ¥ | 5 | 0 | 0 | 0 | 0 | 0 | 0 | 0 |

中国工商银行佛山季华支行
2018年12月10日
转讫

| 票据种类 | 支票 |
|---|---|
| 票据张数 | 壹 |

| 单位主管 | 会计 | 复核 | 记账 | 收款人开户行盖章 |
|---|---|---|---|---|

原始凭证25-1

## 广东增值税专用发票

发 票 联

国家税务总局监制

3000061620 №.0173559

开票日期：2018年12月11日

| | | | | | | | |
|---|---|---|---|---|---|---|---|
| 购货单位 | 名　　称：佛山宏运股份有限公司<br>纳税人识别号：653296347657998966<br>地 址、电 话：佛山市禅城区季华路029号　6684732<br>开户行及账号：工商银行佛山季华支行　62278696548609 | | | | 密码区 | （略） | |
| 货物或应税劳务名称 | 规格型号 | 单位 | 数量 | 单价 | 金额 | 税率 | 税额 |
| 数控机床 | | 台 | 1 | 20 000 | 20 000.00 | 16% | 3 200.00 |
| 合　计 | | | | | 20 000.00 | | 3 200.00 |
| 价税合计（大写） | ⊗贰万叁仟贰佰元整 | | | （小写）¥23 200.00 | | | |
| 销货单位 | 名　　称：南海宜新设备制造厂<br>纳税人识别号：3657459869576829652<br>地 址、电 话：佛山市南海区新中路243号　63241436<br>开户行及账号：工商银行新中路支行　42149574863962 | | | | 备注 | 南海宜新设备制造厂<br>3657459869576829652<br>发票专用章 | |

第三联：发票联　购货方记账凭证

收款人：　　复核：　　开票人：李娜娜　　销货单位：（章）

原始凭证25-2

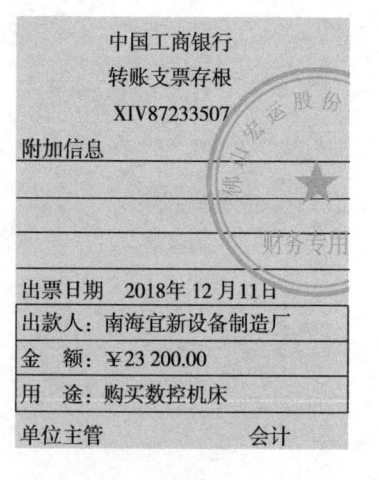

中国工商银行

转账支票存根

XIV87233507

附加信息

佛山宏运股份 财务专用

出票日期　2018年 12 月11日

出款人：南海宜新设备制造厂

金　额：¥23 200.00

用　途：购买数控机床

单位主管　　会计

原始凭证26-1

## 广东增值税专用发票

4200081640　　此联不作报销、扣税凭证使用　　№.01362249

国家税务总局监制

开票日期：2018年12月11日

| | | | | | | | |
|---|---|---|---|---|---|---|---|
| 购货单位 | 名　　称：南海建材公司<br>纳税人识别号：340601702314436<br>地 址、电 话：佛山市南海区裕东路129号<br>开户行及账号：工商银行裕东路支行　23268454533626 | | | 密码区 | | | |
| 货物或应税劳务名称 | 规格型号 | 单位 | 数量 | 单价 | 金额 | 税率 | 税额 |
| 甲材料 | | 千克 | 50 | 16.410 2 | 820.51 | 16% | 131.28 |
| 合　计 | | | | | 820.51 | | 131.28 |
| 价税合计（大写） | ⊗玖佰伍拾壹元柒角玖分　（小写）¥951.79 | | | | | | |
| 销货单位 | 名　　称：佛山宏运股份有限公司<br>纳税人识别号：653296347657998966<br>地 址、电 话：佛山市禅城区季华路029号　86684732<br>开户行及账号：工商银行佛山季华支行　62278696548609 | | | 备注 | 佛山宏运股份有限公司 653296347657998966 发票专用章 | | |

第一联：记账联　销货方记账凭证

收款人：刘丽好　　复核：刘长义　　开票人：李莹　　销货单位：（章）

原始凭证26-2

## 中国工商银行进账单（回单）1

2018年12月11日

| | | | | | |
|---|---|---|---|---|---|
| 收款人 | 全　称 | 佛山宏运股份有限公司 | 付款人 | 全　称 | 南海建材公司 |
| | 账　号 | 62278696548609 | | 账　号 | 23268454533626 |
| | 开户银行 | 工商银行佛山季华支行 | | 开户银行 | 工商银行裕东路支行 |
| 人民币（大写） | | 玖佰伍拾壹元柒角玖分 | 千百十万千百十元角分 | | ¥95179 |
| 票据种类 | | 支票 | 中国工商银行佛山季华支行 2018年12月11日 转讫 | | |
| 票据张数 | | 壹 | | | |
| 单位主管　会计　复核　记账 | | | 收款人开户行盖章 | | |

此联是收款人开户银行交给收款人的回单或收账通知

模块三 会计综合实训资料

原始凭证27-1

## 广东建筑安装行业专用发票

231060543875
01537320

发 票 联

客户名称：佛山宏运股份有限公司　　　　　　　　　　　　2018年12月11日

| 项 目 | 摘 要 | 单 位 | 数 量 | 单 价 | 万 | 千 | 百 | 十 | 元 | 角 | 分 |
|---|---|---|---|---|---|---|---|---|---|---|---|
| 安装费 | | | | | ¥ | 1 | 1 | 0 | 0 | 0 | 0 |
| | | | | | | | | | | | |
| | | | | | | | | | | | |
| | | | | | | | | | | | |

金额（大写）壹仟壹佰元整　　　　　　　¥1 100.00

销售单位：（盖章）　　　　　　　开票人：王玲　　　　　　　　　　　收款人：

② 付款方报销凭证

原始凭证27-2

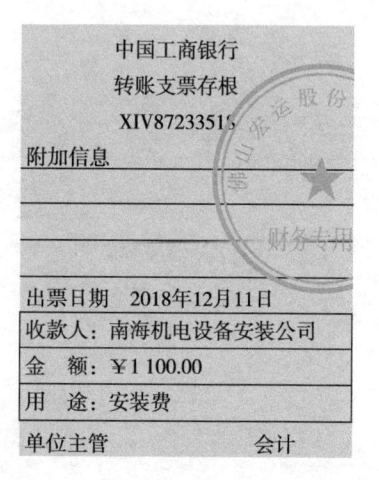

中国工商银行

转账支票存根

XIV87233519

附加信息

_____

_____

出票日期　2018年12月11日

收款人：南海机电设备安装公司

金　额：¥1 100.00

用　途：安装费

单位主管　　　　　　会计

63

原始凭证27-3

# 固定资产交付使用单

使用部门：一车间　　　　　　　　　日期：2018年12月11日

| 设备名称 | 数控机床 | 设备编号 | 273283 |
|---|---|---|---|
| 规格型号 | X6532 | 原始价值 | 21 100.00元 |
| 精密程度 | | 预计使用年限 | 5年 |
| 生产单位 | 南海机电设备安装公司 | 预计净残值 | 4% |
| 出产日期 | 2018年12月11日 | 交付使用日期 | 2018年12月11日 |
| 验收项目 | 验收记录 | | 负责人 |
| 运转状况 | 良好 | | 罗涛 |
| 精度测试 | 良好 | | 罗涛 |
| 达产程度 | 良好 | | 罗涛 |
| 环境检查 | 良好 | | 罗涛 |
| 综合意见 | 可以使用 | | 罗涛 |

验收人：张宝义　　　　　接收人：罗涛　　　　　设备主管：黎明　　　　　财务主管：李林

原始凭证28

# 差旅费报销单

2018年12月12日

出差人：刘政　　　　　事由：出差

| 起止时间及地点 | | | | | | 交通费 | | | 出差补贴 | | | | 其他 | | | 附单据9张 |
|---|---|---|---|---|---|---|---|---|---|---|---|---|---|---|---|---|
| 月 | 日 | 起点 | 月 | 日 | 终点 | 交通工具 | 单据张数 | 金额 | 项目 | 人数 | 天数 | 补贴标准 | 金额 | 项目 | 单据张数 | 金额 |
| 12 | 4 | 南海 | 12 | 5 | 广州 | 火车 | 1 | 270 | 补贴 | 1 | 7 | 100 | 700 | 住宿费 | 2 | 900 |
| 12 | 10 | 广州 | 12 | 11 | 南海 | 火车 | 1 | 270 | | | | | | | | |
| | | | | | | 出租车 | 5 | 46 | | | | | | | | |
| 合计（大写）贰仟壹佰捌拾陆元整 | | | | | | ￥2 186.00 | | | 预支旅费 | | 2 000 | | 退回金额 | | | |
| | | | | | | | | | | | | | 补领金额 | | 186 |

（现金付讫）

模块三　会计综合实训资料

原始凭证29-1

## 广东广告行业专用发票

231060543875
01537320

发 票 联

客户名称：佛山宏运股份有限公司　　　　　　　　　　　　　　　2018年12月12日

| 项　目 | 摘　要 | 单　位 | 数　量 | 单　价 | 万 | 千 | 百 | 十 | 元 | 角 | 分 |
|---|---|---|---|---|---|---|---|---|---|---|---|
| 广告费 | | | | | 1 | 5 | 0 | 0 | 0 | 0 | 0 |
| | | | | | | | | | | | |
| | | | | | | | | | | | |
| 金额（大写）壹万伍仟元整 | | ￥15 000.00 | | | | | | | | | |
| 备注 | | | | | | | | | | | |

销售单位：（盖章）　　　　　　　　　　　　　开票人：王玲　　　　　　　　　收款人：

②付款方报销凭证

原始凭证29-2

中国工商银行

转账支票存根

XIV87233509

附加信息

| 出票日期 | 2018年12月12日 |
|---|---|
| 收款人： | 南海广告公司 |
| 金　额： | ￥15 000.00 |
| 用　途： | 广告费 |
| 单位主管 | 会计 |

67

模块三　会计综合实训资料

原始凭证30-1

广东增值税专用发票

3200081640
此联不作报销、扣税凭证使用
No.01362241

开票日期：2018年12月12日

| 购货单位 | 名　　　称：湖北新立电器有限公司 | | 密码区 | （略） | | | 第 |
|---|---|---|---|---|---|---|---|
| | 纳税人识别号：440606706814822 | | | | | | 一联 |
| | 地址、电话：武汉市江汉区台北路7912号 | | | | | | ： |
| | 开户行及账号：工商银行江汉路支行　28734308121097 | | | | | | 记账联 |

| 货物或应税劳务名称 | 规格型号 | 单位 | 数量 | 单价 | 金额 | 税率 | 税额 |
|---|---|---|---|---|---|---|---|
| A产品 | | 件 | 650 | 200 | 130 000.00 | 16% | 20 800.00 |
| 合　计 | | | | | 130 000.00 | | 20 800.00 |

销货方记账凭证

| 价税合计（大写） | ⊗壹拾伍万零捌佰元整 | | （小写）¥150 800.00 |
|---|---|---|---|

| 销货单位 | 名　　　称：佛山宏运股份有限公司 | | 备注 | （佛山宏运股份有限公司 发票专用章 653296347657998966） |
|---|---|---|---|---|
| | 纳税人识别号：653296347657998966 | | | |
| | 地址、电话：佛山市禅城区季华路029号　86684732 | | | |
| | 开户行及账号：工商银行佛山季华支行　62278696548609 | | | |

收款人：刘丽好　　　复核：刘长义　　　开票人：李莹　　　销货单位：（章）

原始凭证30-2

# 托收凭证（受理回单）1

委托日期　2018年12月12日

| 类型 | | 委托收款（□邮划，☑电划）　托收承付（□邮划，□电划） | | | | | | | | | | | | | | | |
|---|---|---|---|---|---|---|---|---|---|---|---|---|---|---|---|---|---|
| 付款人 | 全　称 | 湖北新立电器有限公司 | | 收款人 | 全　称 | 佛山宏运股份有限公司 | | | | | | | | | | | |
| | 账　号 | 28734308121097 | | | 账　号 | 62278696548609 | | | | | | | | | | | |
| | 地址 | 武汉市 | 市县 | 开户行 | 工商银行江汉路支行 | 地址 | 佛山市 | 市县 | 开户行 | 工商银行佛山季华支行 | | | | | | | |
| 金额 | 人民币（大写） | 壹拾伍万零捌佰元整 | | | | | 亿 | 千 | 百 | 十 | 万 | 千 | 百 | 十 | 元 | 角 | 分 |
| | | | | | | | | ¥ | 1 | 5 | 0 | 8 | 0 | 0 | 0 | 0 | 0 |
| 款项内容 | 货款 | | 托收凭证名称 | 托收承付 | | 附单据张数 | | 1 | | | | | | | | | |
| 商品发运情况 | | 已发运 | | 合同名称号码 | | | | | | | | | | | | | |
| 备注： | | | 款项收妥日期 | | | | | | | | | | | | | | |
| 复核：　　记账： | | 年　月　日 | | | | 收款人开户银行盖章　　月　日 | | | | | | | | | | | |

此联是收款人开户银行给收款人的回单

69

模块三　会计综合实训资料

原始凭证31-1

3200081640

## 广东增值税专用发票

此联不作报销、扣税凭证使用

全国统一发票监制
国家税务总局监制

No.01362242

开票日期：2018年12月12日

第一联：记账联　销货方记账凭证

| 购货单位 | 名　　　称：河北科林机电有限公司<br>纳税人识别号：330101702314235<br>地　址、电话：石家庄市东海路123号<br>开户行及账号：建设银行东海路支行　54269354532426 | | | | | 密码区 | （略） | | |
|---|---|---|---|---|---|---|---|---|---|
| 货物或应税劳务名称 | 规格型号 | 单位 | 数量 | 单价 | | 金额 | 税率 | 税额 | |
| B产品 | | 件 | 500 | 185 | | 92 500.00 | 16% | 14 800.00 | |
| 合　计 | | | | | | 92 500.00 | | 14 800.00 | |
| 价税合计（大写）　⊗壹拾万柒仟叁佰元整 | | | | | | （小写）¥107 300.00 | | | |
| 销货单位 | 名　　　称：佛山宏运股份有限公司<br>纳税人识别号：653296347657998966<br>地　址、电话：佛山市禅城区季华路029号　86684732<br>开户行及账号：工商银行佛山季华支行　62278696548609 | | | | | 备注 | 佛山宏运股份有限公司<br>653296347657998966<br>发票专用章 | | |

收款人：刘丽好　　　复核：刘长义　　　开票人：李莹　　　销货单位：（章）

原始凭证31-2

## 中国工商银行进账单（回单）1

2018年12月12日

| 付款人 | 全　称 | 河北科林机电有限公司 | 收款人 | 全　称 | 佛山宏运股份有限公司 | | | | | | | | | | |
|---|---|---|---|---|---|---|---|---|---|---|---|---|---|---|
| | 账　号 | 54269354532426 | | 账　号 | 62278696548609 | | | | | | | | | | |
| | 开户银行 | 建设银行东海路支行 | | 开户银行 | 工商银行佛山季华支行 | | | | | | | | | | |
| 人民币（大写） | | 壹拾万柒仟叁佰元整 | | | | 千 | 百 | 十 | 万 | 千 | 百 | 十 | 元 | 角 | 分 |
| | | | | | | | ¥ | 1 | 0 | 7 | 3 | 0 | 0 | 0 | 0 |
| 票据种类 | | 支票 | | 中国工商银行佛山季华支行<br>2018年12月12日<br>转讫 | | | | | | | | | | | |
| 票据张数 | | 壹 | | | | | | | | | | | | | |
| 单位主管　　会计　　复核　　记账 | | | | | 收款人开户行盖章 | | | | | | | | | | |

此联是收款人开户银行交给收款人的回单或收账通知

原始凭证32

## 佛山市统一收款收据
记账联

发票代码 142060889812
发票号码 00126121

2018年12月15日

今收到：　南海塑料制品有限公司　　　　交来　　　现金

交　来：　　　　伍仟元整　　　　　　￥5 000.00　　　　现金收讫

系　付　　　　　合同违约金

收款单位：（印章）　会计：王静茹　　出纳：刘丽好　　　　经手人：

---

原始凭证33

## 报销凭证粘贴单

| 领导审批 | 李诚 | 2018年12月16日 |
|---|---|---|

佛山市饮食、娱乐服务业定额统一发票

　　　发票联

　　　发票代码：242060871400

　　　发票号码：03124531

现金付讫

人民币
（大写）　　伍拾元

发票专用章：

开据日期：　　　年　月　日

| 单据共4张 | |
|---|---|
| 共计金额200元 | |
| 报销原因 | 一车间技术资料 |
| | 打印复印费 |
| | |
| 报销人 | 勒军 |
| 复核 | 刘长义 |

模块三 会计综合实训资料

原始凭证34

### 广东货物运输行业专用发票

**发 票 联**

231060543875
02532316

客户名称：佛山宏运股份有限公司　　　　　　　　　　　　　　　2018年12月16日

| 项　目 | 摘　要 | 单　位 | 数量 | 单　价 | 万 | 千 | 百 | 十 | 元 | 角 | 分 |
|---|---|---|---|---|---|---|---|---|---|---|---|
| 搬运费 | | | | | | ¥ | 2 | 5 | 3 | 0 | 0 |
| | | | | | | | | | | | |
| | | | 现金付讫 | | | | | | | | |
| 金额（大写）贰佰伍拾叁元整 | ¥253.00 | | | | | | | | | | |
| 备注 | | | | | | | | | | | |

②付款方报销凭证

销售单位：（盖章）　　　　　　　开票人：李爽　　　　　　　收款人：

原始凭证35

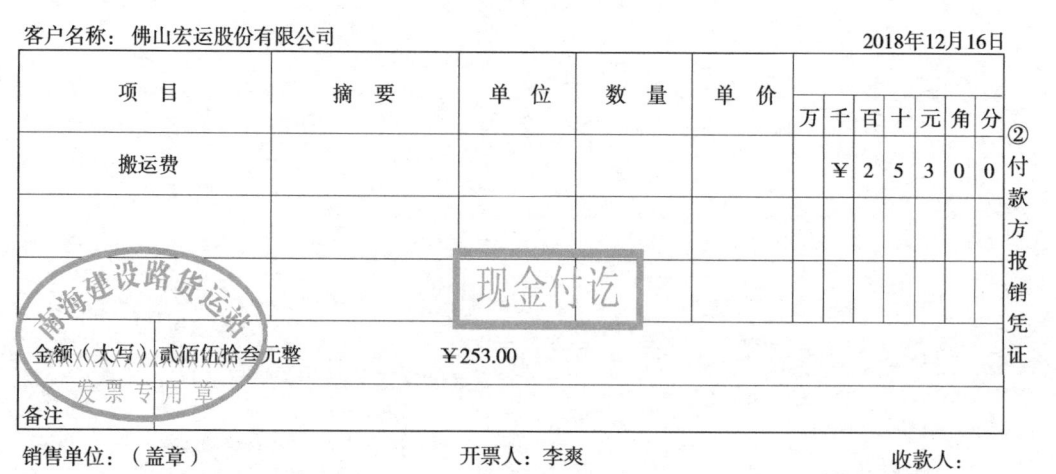

### 工 银行承兑汇票2

C A14273546
0 1

出票日期　贰零壹捌 年 壹拾贰 月 壹拾柒 日
（大写）

| 出票人全称 | 佛山宏运股份有限公司 | 收款人 | 全　　称 | 上海轻化公司 | | | | | | | | | | |
|---|---|---|---|---|---|---|---|---|---|---|---|---|---|---|
| 出票人账号 | 62278696548609 | | 账　　号 | 64972583416765 | | | | | | | | | | |
| 付款人全称 | 工商银行佛山季华支行 | | 开户银行 | 工商银行上海市分行 | | | | | | | | | | |
| 出票金额 | 人民币（大写）　叁万元整 | | | | 千 | 百 | 十 | 万 | 千 | 百 | 十 | 元 | 角 | 分 |
| | | | | | | | ¥ | 3 | 0 | 0 | 0 | 0 | 0 | 0 |
| 汇票到期日（大写） | 贰零壹玖年零陆月壹拾柒日 | 付款人 | 行号 | 14525356 | | | | | | | | | | |
| 承兑协议编号 | 1133133 | | 地址 | 南海市建设路453号 | | | | | | | | | | |
| 本汇票请你行承兑，到期无条件付款。 | | 本汇票已承兑，到期日由本行付款。<br><br>　　　　承兑行签章<br>承兑日期　年　月　日 | | | | | | | | | | | | |
| 出票人签章 | | 备注： | | | 复核　　记账 | | | | | | | | | |

此联签发人存查

模块三 会计综合实训资料

原始凭证36-1

| 3200081640 | 广东增值税专用发票<br>此联不作报销、扣税凭证使用 | No.01362242 |
|---|---|---|

开票日期：2018年12月17日

| 购货单位 | 名　　　称：广东仁安电子有限公司<br>纳税人识别号：440606706814813<br>地址、电话：广州市天河区台北路1432号　63364540<br>开户行及账号：工商银行广州市天河支行　28734308121097 | 密码区 | （略） |
|---|---|---|---|

| 货物或应税劳务名称 | 规格型号 | 单位 | 数量 | 单价 | 金额 | 税率 | 税额 |
|---|---|---|---|---|---|---|---|
| B产品 | | 件 | 280 | 185 | 51 800.00 | 16% | 8 288.00 |
| | | | | | | | |
| 合　计 | | | | | 51 800.00 | | 8 288.00 |

| 价税合计（大写） | ⊗陆万零捌拾捌元整 | （小写）￥60 088.00 |
|---|---|---|

| 销货单位 | 名　　　称：佛山宏运股份有限公司<br>纳税人识别号：653296347657998966<br>地址、电话：佛山市禅城区季华路029号　86684732<br>开户行及账号：工商银行佛山季华支行　62278696548609 | 备注 | 佛山宏运股份有限公司<br>653296347657998966<br>发票专用章 |
|---|---|---|---|

收款人：刘丽好　　　复核：刘长义　　　开票人：李莹　　　销货单位：（章）

第一联：记账联　销货方记账凭证

原始凭证36-2

# 中国工商银行进账单（回单）1

2018年12月17日

| 付款人 | 全　　称 | 广东仁安电子有限公司 | 收款人 | 全　　称 | 佛山宏运股份有限公司 |
|---|---|---|---|---|---|
| | 账　　号 | 28734308121097 | | 账　号 | 62278696548609 |
| | 开户银行 | 工商银行广州市天河支行 | | 开户银行 | 工商银行佛山季华支行 |

| 人民币（大写） | 陆万零捌拾捌元整 | 千 | 百 | 十 | 万 | 千 | 百 | 十 | 元 | 角 | 分 |
|---|---|---|---|---|---|---|---|---|---|---|---|
| | | | ￥ | 6 | 0 | 0 | 8 | 8 | 0 | 0 |

| 票据种类 | 支票 |
|---|---|
| 票据张数 | 壹 |

中国工商银行佛山季华支行
2018年12月17日
转讫

| 单位主管　会计　复核　记账 | 收款人开户行盖章 |
|---|---|

此联汇出行给汇款人的回单 或收账通知

77

模块三　会计综合实训资料

原始凭证37-1

### 佛山市邮政局报刊发行发票
发票联　　　　　　No.8765540

地税

段
别

户名：佛山宏运股份有限公司
地址：佛山市禅城区季华路029号

| 报刊代号 | 报刊名称 | 起止订期 | 订阅销售 | 份数 | 每月 | 月季 | 单价 | 总款合计 |
|---|---|---|---|---|---|---|---|---|
| | 《南方都市报》等 | 2017.1—12 | | | | | | ￥1 440.00 |

开据人员：孙英　　　　　　　　　　收费人员：吴伟

原始凭证37-2

中国工商银行
转账支票存根
XIV87233510

附加信息 _____

_____

出票日期　2018年12月17日

收款人：佛山市邮政局

金　额：￥1 440.00

用　途：订阅费

单位主管　　　　　　会计

模块三　会计综合实训资料

原始凭证38-1

# 佛山市社会保险基金专用收款收据

开票日期：2018年12月17日　　　　　　　　　　No.0028590

今收到：佛山宏运股份有限公司

交　来：2018.01—2018.12 社会保险基金

人民币（大写）叁万柒仟伍佰零陆元整　　　　¥37 506.00　　　　此据

其中：城镇职工基本医疗保险　　　　15 400.00

　　　基本养老保险　　　　　　　　19 600.00

　　　城镇职工失业保险　　　　　　　　980.00

　　　城镇职工工伤保险　　　　　　　　294.00

　　　城镇职工生育保险　　　　　　　1 232.00

收款单位（公章）：　　　　财务主管（章）：　　　　收款人（章）：

原始凭证38-2

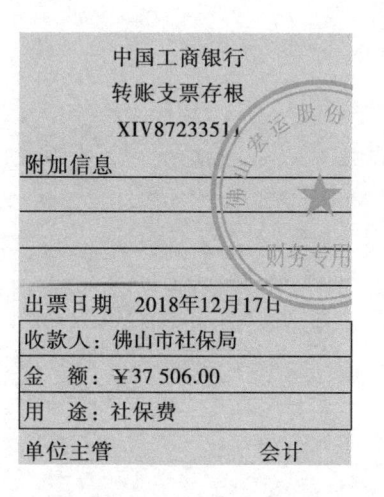

模块三　会计综合实训资料

原始凭证39

# 借　据

借款部门：一车间　　　　　　　　　　　　　　　　　　　2018年12月18日

借款事由：　　参加新技术交流会　　

人民币（大写）：　壹仟伍佰元整　　　　　　　¥1 500.00

现金付讫

批准人：　张正　　

负责人：　张正　　　　　借款人：　　王彬　　


原始凭证40-1

# 托收凭证（收款通知单）4

委托日期　2018年12月4日

| 类　型 | | 委托收款（□邮划，□电划）　托收承付（□邮划，□电划） | | | | | | | | | | | | | | | |
|---|---|---|---|---|---|---|---|---|---|---|---|---|---|---|---|---|---|
| 付款人 | 全　称 | 湖北新立电器有限公司 | | | 收款人 | 全　称 | 佛山宏运股份有限公司 | | | | | | | | | | |
| | 账　号 | 28734308121097 | | | | 账　号 | 62278696548609 | | | | | | | | | | |
| | 地　址 | 武汉市 | 市县 | 开户行 | 工商银行江汉路支行 | | 地　址 | 佛山市 | 市县 | 开户行 | 工商银行佛山季华支行 | | | | | | |
| 金额 | 人民币(大写) | 贰拾壹万零陆佰元整 | | | | | | 亿 | 千 | 百 | 十 | 万 | 千 | 百 | 十 | 元 | 角 | 分 |
| | | | | | | | | | | ¥ | 2 | 1 | 0 | 6 | 0 | 0 | 0 | 0 |
| 款项内容 | | 货款 | 托收凭证名称 | | 托收承付 | | 附单据张数 | | 4 | | | | | | | | |
| 商品发运情况 | | 已发运 | | | 合同名称号码 | | 3356 | | | | | | | | | | |
| 备注： | | 款项收妥日期 | | | | | | | | | | | | | | | |
| 复核：　记账： | | 2018年12月18日 | | | 收款人开户银行盖章　　月　日 | | | | | | | | | | | | |

此联是收款人开户银行给收款人的回单

83

模块三 会计综合实训资料

原始凭证40-2

## 托收凭证（收款通知单）4

委托日期 2018年12月12日

| 类型 | | 委托收款（□邮划，□电划） | | | 托收承付（□邮划，□电划） | | | | | | | | | | | | |
|---|---|---|---|---|---|---|---|---|---|---|---|---|---|---|---|---|
| 付款人 | 全 称 | 湖北新立电器有限公司 | | 收款人 | 全 称 | 佛山宏运股份有限公司 | | | | | | | | | | | |
| | 账 号 | 28734308121097 | | | 账 号 | 62278696548609 | | | | | | | | | | | |
| | 地 址 | 武汉市 | 市县 开户行 | 工商银行江汉路支行 | | 地 址 | 佛山市 | 市县 | 开户行 | | 工商银行佛山季华支行 | | | | | | |
| 金额 | 人民币（大写） | 壹拾伍万零捌佰元整 | | | | | 亿 | 千 | 百 | 十 | 万 | 千 | 百 | 十 | 元 | 角 | 分 |
| | | | | | | | | | ￥ | 1 | 5 | 0 | 8 | 0 | 0 | 0 | 0 |
| 款项内容 | 货款 | | 托收凭证名称 | 托收承付 | | 附单据张数 | | | 4 | | | | | | | | |
| 商品发运情况 | | 已发运 | | 合同名称号码 | | 6933 | | | | | | | | | | | |
| 备注： | | 款项收妥日期 | | | | | | | | | | | | | | |
| 复核： 记账： | | 2018年12月18日 | | 收款人开户银行盖章 月 日 | | | | | | | | | | | | | |

此联是收款人开户银行给收款人的回单

原始凭证41-1

3000061620

## 广东增值税专用发票

发 票 联

No.0133572

开票日期：2018年12月19日

| 购货单位 | 名 称：佛山宏运股份有限公司 | | 密码区 | （略） | | |
|---|---|---|---|---|---|---|
| | 纳税人识别号：653296347657998966 | | | | | |
| | 地址、电话：佛山市禅城区季华路029号 86684732 | | | | | |
| | 开户行及账号：工商银行佛山季华支行 62278696548609 | | | | | |
| 货物或应税劳务名称 | 规格型号 | 单位 | 数量 | 单价 | 金额 | 税率 | 税额 |
| IBM服务器 | | 台 | 1 | 50 000 | 50 000.00 | 16% | 8 000.00 |
| 合 计 | | | | | 50 000.00 | | 8 000.00 |
| 价税合计（大写） | ⊗伍万捌仟元整 | | （小写）￥58 000.00 | | | |
| 销货单位 | 名 称：南海万通有限公司 | | 备注 | | | |
| | 纳税人识别号：3607051828374859657 | | | | | |
| | 地址、电话：佛山市南海区中北路143号 83231476 | | | | | |
| | 开户行及账号：工商银行中北路支行 32159674363935 | | | | | |

收款人： 复核： 开票人：牟莉 销货单位：（章）

第三联：发票联 购货方记账凭证

85

原始凭证41-2

| 中国工商银行 | |
|---|---|
| 转账支票存根 | |
| XIV87233512 | |
| 附加信息 | |
| 出票日期　2018年12月19日 | |
| 收款人：南海万通有限公司 | |
| 金　　额：￥58 500.00 | |
| 用　　途：购买IBM服务器 | |
| 单位主管　　　　　　会计 | |

原始凭证41-3

# 固定资产交付使用单

使用部门：　　　　　　　　　　日期：2018年12月19日

| 设备名称 | 计算机 | 设备编号 | CJ05-08 |
|---|---|---|---|
| 规格型号 | IBM服务器 | 原始价值 | 50 000.00元 |
| 精密程度 | 一级 | 预计使用年限 | 5年 |
| 生产单位 | IBM公司 | 预计净残值 | 4% |
| 出产日期 | 2018年11月10日 | 交付使用日期 | 2018年12月19日 |
| 验收项目 | 验收记录 | | 负责人 |
| 运转状况 | 良好 | | 罗涛 |
| 精度测试 | 良好 | | 罗涛 |
| 达产程度 | 良好 | | 罗涛 |
| 环境检查 | 良好 | | 罗涛 |
| 综合意见 | 可以使用 | | 罗涛 |

验收人：张中格　　　　接收人：李建军　　　　设备主管：王亮　　　　财务主管：李林

模块三　会计综合实训资料

原始凭证42-1

## 湖北增值税专用发票

4200061620

发　票　联

No.0153478

开票日期：2018年12月19日

<table>
<tr><td rowspan="4">购货单位</td><td colspan="2">名　　称：佛山宏运股份有限公司</td><td rowspan="4">密码区</td><td rowspan="4">（略）</td></tr>
<tr><td colspan="2">纳税人识别号：653296347657998966</td></tr>
<tr><td colspan="2">地址、电话：佛山市禅城区季华路029号　86684732</td></tr>
<tr><td colspan="2">开户行及账号：工商银行佛山季华支行　62278696548609</td></tr>
<tr><td>货物或应税劳务名称</td><td>规格型号</td><td>单位</td><td>数量</td><td>单价</td><td>金额</td><td>税率</td><td>税额</td></tr>
<tr><td>乙材料</td><td></td><td>千克</td><td>4 500</td><td>10</td><td>45 000.00</td><td>16%</td><td>7 200.00</td></tr>
<tr><td>合　计</td><td></td><td></td><td></td><td></td><td>45 000.00</td><td></td><td>7 200.00</td></tr>
<tr><td>价税合计（大写）</td><td colspan="4">⊗伍万贰仟贰佰元整　　　　（小写）￥52 200.00</td><td colspan="3"></td></tr>
<tr><td rowspan="4">销货单位</td><td colspan="2">名　　称：武汉金属材料公司</td><td rowspan="4">备注</td><td rowspan="4"></td></tr>
<tr><td colspan="2">纳税人识别号：420101436282523415</td></tr>
<tr><td colspan="2">地址、电话：武汉市解放路162号　83531446</td></tr>
<tr><td colspan="2">开户行及账号：工商银行解放路支行　82459672313585</td></tr>
</table>

第三联：发票联　购货方记账凭证

收款人：　　　复核：　　　开票人：杨萱　　　销货单位：（章）

原始凭证42-2

## 货物运输业增值税专用发票

4200124762

4200124762
00458004

发　票　联

No. 00458004

开票日期：2018年12月19日

<table>
<tr><td>承运人及纳税人识别号</td><td colspan="2">武汉江北汽运有限公司420101878674839251</td><td rowspan="3">密码区</td><td colspan="2" rowspan="3">（略）</td></tr>
<tr><td>实际受票方及纳税人识别号</td><td colspan="2">佛山宏运股份有限公司653296347657998966</td></tr>
<tr><td>收货人及纳税人识别号</td><td colspan="2">佛山宏运股份有限公司653296347657998966</td><td>发货人及纳税人识别号</td><td>武汉金属材料公司420101436282523415</td></tr>
<tr><td colspan="3">起运地、经由、到达地</td><td colspan="3">武汉-禅城</td></tr>
<tr><td rowspan="3">费用项目及金额</td><td>费用项目<br>货物运费</td><td>金额<br>4 000.00</td><td>费用项目</td><td>金额</td><td rowspan="3">运输货物信息</td><td rowspan="3">乙材料</td></tr>
<tr><td colspan="4"></td></tr>
<tr><td colspan="4"></td></tr>
<tr><td>合计金额</td><td>4 000</td><td>税率</td><td>10%</td><td>税额</td><td>400</td><td>机器编号</td><td>009988600502</td></tr>
<tr><td colspan="2">价税合计（大写）</td><td colspan="6">⊗肆仟肆佰元整　　　（小写）￥4 400.00</td></tr>
<tr><td colspan="2">车种车号</td><td colspan="2"></td><td>车船吨位</td><td>千克</td><td rowspan="2">备注</td><td rowspan="2"></td></tr>
<tr><td colspan="2">主管税务机关及代码</td><td colspan="4">武汉市地税局24206080002</td></tr>
</table>

第三联：发票联　受票方记账凭证

收款人：张三　　　复核人：李琴　　　开票人：王小芳　　　承运人：（章）

89

原始凭证42-3

## 工商银行电汇凭单（回单）

币种：人民币　　　　　　　　2018年12月19日　　　　　　　流水号：1112437689

<table>
<tr><td colspan="2">汇款方式</td><td colspan="3">□普通　　　□加急</td><td colspan="11"></td></tr>
<tr><td rowspan="3">汇款人</td><td>全　称</td><td>佛山宏运股份有限公司</td><td rowspan="3">收款人</td><td>全　称</td><td>广东金属材料有限公司</td></tr>
<tr><td>账　号</td><td>62278696548609</td><td>账　号</td><td>6592587441295930</td></tr>
<tr><td>汇出行名称</td><td>工商银行佛山季华支行</td><td>汇入行名称</td><td>工商银行三山路支行</td></tr>
</table>

| （大写） | 伍万陆仟陆佰元整 | 亿 | 千 | 百 | 十 | 万 | 千 | 百 | 十 | 元 | 角 | 分 |
|---|---|---|---|---|---|---|---|---|---|---|---|---|
| | | | | | ¥ | 5 | 6 | 6 | 0 | 0 | 0 | 0 |

支付密码

附加信息及用途

汇出行签章　　　　　　　　　　　　　复核　　记账

此联汇出行给汇款人的回单

原始凭证42-4

## 收　料　单

No.0013755

请购单位　　　　　　　　　　　　　三联式

发票号数0153478　　　　　　　　2018年12月19日　　　　　　　收字第1203号

<table>
<tr><td colspan="2">材料</td><td rowspan="3">单位</td><td rowspan="3">数量</td><td colspan="9">发票金额</td><td rowspan="3">应摊运杂费</td><td colspan="9">实际金额</td></tr>
<tr><td rowspan="2">编号</td><td rowspan="2">名称及规格</td><td rowspan="2">单价</td><td colspan="8">金额</td><td rowspan="2">单价</td><td colspan="8">金额</td></tr>
<tr><td>十</td><td>万</td><td>千</td><td>百</td><td>十</td><td>元</td><td>角</td><td>分</td><td>十</td><td>万</td><td>千</td><td>百</td><td>十</td><td>元</td><td>角</td><td>分</td></tr>
<tr><td></td><td>乙材料</td><td>千克</td><td>4 500</td><td>10</td><td>¥</td><td>4</td><td>5</td><td>0</td><td>0</td><td>0</td><td>0</td><td>0</td><td>4 000</td><td>¥</td><td>4</td><td>9</td><td>0</td><td>0</td><td>0</td><td>0</td><td>0</td></tr>
<tr><td></td><td></td><td></td><td></td><td></td><td></td><td></td><td></td><td></td><td></td><td></td><td></td><td></td><td></td><td></td><td></td><td></td><td></td><td></td><td></td><td></td><td></td></tr>
<tr><td></td><td></td><td></td><td></td><td></td><td></td><td></td><td></td><td></td><td></td><td></td><td></td><td></td><td></td><td></td><td></td><td></td><td></td><td></td><td></td><td></td><td></td></tr>
<tr><td></td><td></td><td></td><td></td><td></td><td></td><td></td><td></td><td></td><td></td><td></td><td></td><td></td><td></td><td></td><td></td><td></td><td></td><td></td><td></td><td></td><td></td></tr>
</table>

核准：　　　会计：　　　记账：　　　保管：　　　供应：　　　验收：

第二联：财务部门

原始凭证43-1

## 湖北省行政事业性收费票据

交款单位：佛山宏运股份有限公司　　　2018年12月20日　　　　（2011）No.00224743

| 收费项目及名称 | 单　位 | 数　量 | 收费标准 | | | 百 | 十 | 万 | 千 | 百 | 十 | 元 | 角 | 分 |
|---|---|---|---|---|---|---|---|---|---|---|---|---|---|---|
| 捐款 | | | | | | | ¥ | 2 | 0 | 0 | 0 | 0 | 0 | 0 |
| | | | | | | | | | | | | | | |
| | | | | | | | | | | | | | | |
| | | | | | | | | | | | | | | |
| | | | | | | | | | | | | | | |
| 合计金额（大写）贰万元整 | | | | | | | | | | | | | | |

销售单位：（盖章）　　　　　　　　收款人：王明东

原始凭证43-2

模块三　会计综合实训资料

原始凭证44

## 中国电信有限公司南海分公司业务收费专用发票

发票联

242060840091
01301332

客户名称：佛山宏运股份有限公司　　　　　客户号码：

开户银行：工商银行佛山季华支行　　　　　银行账号：62278696548609

计费周期：一年　　　　合同号：30214223 046607758422722　　　填开日期：2018年12月22日

| 电话费 | |
|---|---|
| 合计金额（大写）壹仟伍佰叁拾陆元整 | ￥1 536.00 |
| 备注： | |

第二联：发票

收款人：张颖　　　　收款单位：　　　　（收款方盖章有效）

原始凭证45-1

## 湖北增值税专用发票

3301061620

发票联

No.0254476

开票时间：2018年12月22日

| 购货单位 | 名　　称：佛山宏运股份有限公司 | | | | | 密码区 | （略） | | |
|---|---|---|---|---|---|---|---|---|---|
| | 纳税人识别号：653296347657998966 | | | | | | | | |
| | 地址、电话：佛山市禅城区季华路029号　86684732 | | | | | | | | |
| | 开户行及账号：工商银行佛山季华支行　62278696548609 | | | | | | | | |

| 货物或应税劳务名称 | 规格型号 | 单位 | 数量 | 单价 | 金额 | 税率 | 税额 |
|---|---|---|---|---|---|---|---|
| 乙材料 | | 千克 | 7 000 | 8.6 | 60 200.00 | 16% | 9 632.00 |
| 合　计 | | | | | 60 200.00 | | 9 632.00 |

| 价税合计（大写） | ⊗陆万玖仟捌佰叁拾贰元整　　　　（小写）￥69 832.00 | | | |
|---|---|---|---|---|
| 销货单位 | 名　　称：武汉金属材料公司 | | 备注 | |
| | 纳税人识别号：420101436282523415 | | | |
| | 地址、电话：武汉市解放路162号　83531446 | | | |
| | 开户行及账号：工商银行解放路支行　82459672313585 | | | |

第三联：发票联　购货方记账凭证

收款人：　　　复核：　　　开票人：李虹　　　销货单位：（章）

95

模块三 会计综合实训资料

原始凭证45-2

## 货物运输业增值税专用发票

4200124762

抵 扣 联

No. 00458005

4200124763
00458005

开票日期：2018年12月22日

| 承运人及纳税人识别号 | 武汉江北汽运有限公司42010 1878674839251 | 密码区 | （略） | |
|---|---|---|---|---|
| 实际受票方及纳税人识别号 | 佛山宏运股份有限公司653296347657998966 | | | |
| 收货人及纳税人识别号 | 佛山宏运股份有限公司653296347657998966 | 发货人及纳税人识别号 | 武汉金属材料公司 420101436282523415 | |

| 起运地、经由、到达地 | | | 武汉–禅城 | | | |
|---|---|---|---|---|---|---|
| 费用项目及金额 | 费用项目 货物运费 | 金额 5 000.00 | 费用项目 | 金额 | 运输货物信息 | 乙材料 |

| 合计金额 | 5 000 | 税率 | 10% | 税额 | 500 | 机器编号 | 009988600502 |
|---|---|---|---|---|---|---|---|
| 价税合计（大写） | ⊗伍仟伍佰元整 | | | （小写）¥5 500.00 | | | |
| 车种车号 | | | 车船吨位 | 千克 | 备注 | | |
| 主管税务机关及代码 | 武汉市地税局24206080002 | | | | | | |

收款人：张三　　　复核人：李琴　　　开票人：王小芳　　承运人：（章）

第二联：抵扣联　受票方扣税凭证

原始凭证45-3

## 货物运输业增值税专用发票

4200124763

发 票 联

No. 00458005

4200124763
00458005

开票日期：2018年12月22日

| 承运人及纳税人识别号 | 武汉江北汽运有限公司4201011878674839251 | 密码区 | （略） | |
|---|---|---|---|---|
| 实际受票方及纳税人识别号 | 佛山宏运股份有限公司653296347657998966 | | | |
| 收货人及纳税人识别号 | 佛山宏运股份有限公司653296347657998966 | 发货人及纳税人识别号 | 武汉金属材料公司 420101436282523415 | |

| 起运地、经由、到达地 | | | 武汉–禅城 | | | |
|---|---|---|---|---|---|---|
| 费用项目及金额 | 费用项目 货物运费 | 金额 5 000.00 | 费用项目 | 金额 | 运输货物信息 | 乙材料 |

| 合计金额 | 5 000 | 税率 | 10% | 税额 | 500 | 机器编号 | 009988600503 |
|---|---|---|---|---|---|---|---|
| 价税合计（大写） | ⊗伍仟伍佰元整 | | | （小写）¥5 500.00 | | | |
| 车种车号 | | | 车船吨位 | 千克 | 备注 | | |
| 主管税务机关及代码 | 武汉市地税局24206080002 | | | | | | |

收款人：张三　　　复核人：李琴　　　开票人：王小芳　　承运人：（章）

第三联：发票联　受票方记账凭证

原始凭证45-4

# 收 料 单

No.0013756

请购单位　　　　　　　　　　　　三联式

发票号数0254476　　　　　　　　2018年12月22日　　　　　　　　收字第1204号

| 材料 | | 单位 | 数量 | 发票金额 | | | | | | | | | | 应摊运杂费 | 实际金额 | | | | | | | | | | 第二联：财务部门 |
|---|---|---|---|---|---|---|---|---|---|---|---|---|---|---|---|---|---|---|---|---|---|---|---|---|---|
| 编号 | 名称及规格 | | | 单价 | 金额 | | | | | | | | | | 单价 | 金额 | | | | | | | | | |
| | | | | | | 十 | 万 | 千 | 百 | 十 | 元 | 角 | 分 | | | | 十 | 万 | 千 | 百 | 十 | 元 | 角 | 分 | |
| | 乙材料 | 千克 | 7 000 | 8.6 | ¥ | 6 | 0 | 2 | 0 | 0 | 0 | 0 | 0 | 5 000 | | ¥ | 6 | 5 | 2 | 0 | 0 | 0 | 0 | 0 | |
| | | | | | | | | | | | | | | | | | | | | | | | | | |
| | | | | | | | | | | | | | | | | | | | | | | | | | |
| | | | | | | | | | | | | | | | | | | | | | | | | | |
| | | | | | | | | | | | | | | | | | | | | | | | | | |

核准：　　　　会计：　　　　记账：　　　　保管：　　　　供应：　　　　验收：

原始凭证46

# 长期借款计息单

2018年12月24日

| 项目 | 金额（元） | 年利息率 | 利息（元） |
|---|---|---|---|
| 长期借款 | 100 000 00 | 10% | 10 000.00 |
| | | | |
| 合计 | | | 10 000.00 |

财务科长：李林　　　　　　　　　　　　　　制表人：王静茹

原始凭证47

## 广东增值税专用发票

此联不作报销、扣税凭证使用

3200081640

No.01362243

开票日期：2018年12月24日

| 购货单位 | 名　　　称：南昌星海有限公司 | | | | 密码区 | （略） | | | |
| --- | --- | --- | --- | --- | --- | --- | --- | --- | --- |
| | 纳税人识别号：360102332624336 | | | | | | | | |
| | 地址、电话：南昌市北湖路256号　86231234 | | | | | | | | |
| | 开户行及账号：工商银行北湖路支行　11328738538784 | | | | | | | | |
| 货物或应税劳务名称 | 规格型号 | 单位 | 数量 | 单价 | 金额 | 税率 | 税额 | | |
| A产品 | | 件 | 600 | 210 | 126 000.00 | 16% | 20 160.00 | | |
| 合　计 | | | | | 126 000.00 | | 20 160.00 | | |
| 价税合计（大写）　壹拾肆万陆仟壹佰陆拾元整 | | | | | （小写）¥146 160.00 | | | | |
| 销货单位 | 名　　　称：佛山宏运股份有限公司 | | | | 备注 | | | | |
| | 纳税人识别号：653296347657998966 | | | | | | | | |
| | 地址、电话：佛山市禅城区季华路029号　86684732 | | | | | | | | |
| | 开户行及账号：工商银行佛山季华支行　62278696548609 | | | | | | | | |

收款人：刘丽好　　　　复核：刘长义　　　　开票人：李莹　　　　销货单位：（章）

原始凭证48-1

## 保险业统一发票

发票联

241000543875

1542312

| 开票时间：2018年12月24日 |
| --- |
| 付款人：佛山宏运股份有限公司 |
| 承担险种：财产保险（2019年1月至2019年12月） |
| 保险单号：56278　　　　　　　　批单号： |
| 保险金额（大写）：贰万伍仟元整　　滞纳金（小写）： |
| 代收车船税（大写）：　　　　　　　（小写）： |
| 合计（大写）：贰万伍仟元整　　　　（小写）：25 000.00 |
| 附注： |

保险公司名称：中国人民保险公司南海分公司　　　复核：　　　　　经手人：吴明

保险公司签章：　　　　　　　　　　　　　　　　地址：裕华路123号　　　电话：

原始凭证49-1

广东增值税专用发票

No.01362244
3200081640

| | 货物或应税劳务、服务名称 | 规格型号 | 单位 | 数量 | 单价 | 金额 | 税率 | 税额 |
|---|---|---|---|---|---|---|---|---|
| 购买方 | 名称：湖北华立电器有限公司 | | | | | | | |
| | 纳税人识别号：440606706814822 | | | | | | | |
| | 地址、电话：武汉市汉汉区汉化路7912号 84601111 | | | | | | | |
| | 开户行及账号：工商银行汉汉区联营支行 2873430812 1097 | | | | | | | |
| | B产品 | | 件 | 100 | 180 | 18 000.00 | 16% | 2 880.00 |
| 合计 | | | | | | 18 000.00 | | 2 880.00 |
| 价税合计（大写） | ⊗贰万零捌佰捌拾元整 | | | | | （小写）¥20 880.00 | | |
| 销售方 | 名称：佛山宏志股份有限公司 | | | | | | | |
| | 纳税人识别号：6532963476571998966 | | | | | | | |
| | 地址、电话：佛山市禅城区幸幸路029号 86684732 | | | | | | | |
| | 开户行及账号：工商银行佛山市幸支行 62278696548609 | | | | | | | |

开票日期：2018年12月26日

收款人：刘丽府　复核：刘长久　开票人：李蓉　销售单位：（章）

原始凭证48-2

中国工商银行
转账支票存根
XIV87233514

附加信息

出票日期　2018年12月24日
收款人：中国人民保险公司湖海分公司
金　额：¥25 000.00
用　途：财产保险

单位主管　会计

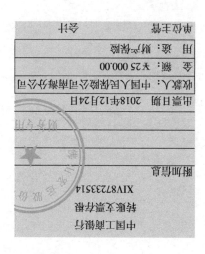

模块三 会计综合实训资料

原始凭证49-2

## 中国工商银行进账单（回单）1

2018年12月26日

| 付款人 | 全 称 | 湖北新立电器有限公司 | 收款人 | 全 称 | 佛山宏运股份有限公司 | |
|---|---|---|---|---|---|---|
| | 账 号 | 28734308121097 | | 账 号 | 62278696548609 | 此联汇出行给汇款人的回单或收账通知 |
| | 开户银行 | 工商银行江汉路支行 | | 开户银行 | 工商银行佛山季华支行 | |

| 人民币（大写）贰万零捌佰捌拾元整 | 千 百 十 万 千 百 十 元 角 分 ￥ 2 0 8 8 0 0 0 0 |
|---|---|
| 票据种类 | 支票 |
| 票据张数 | 壹 |

| 单位主管 会计 复核 记账 | 收款人开户行盖章 |
|---|---|

（中国工商银行佛山季华支行 2018年12月26日 转讫）

原始凭证50-1

3706061620

## 湖北增值税专用发票

发 票 联

No.1257431

开票日期：2018年12月26日

| 购货单位 | 名 称：佛山宏运股份有限公司 | 密码区 | （略） | 第三联：发票联 购货方记账凭证 |
|---|---|---|---|---|
| | 纳税人识别号：653296347657998966 | | | |
| | 地 址、电话：佛山市禅城区季华路029号 86684732 | | | |
| | 开户行及账号：工商银行佛山季华支行 62278696548609 | | | |

| 货物或应税劳务名称 | 规格型号 | 单位 | 数量 | 单价 | 金额 | 税率 | 税额 |
|---|---|---|---|---|---|---|---|
| 乙材料 | | 千克 | 2 000 | 9.2 | 18 400.00 | 16% | 2 944.00 |
| 合 计 | | | | | 18 400.00 | | 2 944.00 |

| 价税合计（大写） | ⊗贰万壹仟叁佰肆拾肆元整 | （小写）￥21 344.00 |
|---|---|---|

| 销货单位 | 名 称：武汉金属材料公司 | 备注 | 武汉金属材料公司 4201014362825 23415 发票专用章 |
|---|---|---|---|
| | 纳税人识别号：4201011878674839251 | | |
| | 地 址、电话：武汉市解放路162号 83531446 | | |
| | 开户行及账号：工商银行解放路支行 82459672313585 | | |

| 收款人： | 复核： | 开票人：程成 | 销货单位：（章） |
|---|---|---|---|

模块三 会计综合实训资料

原始凭证50-2

# 工商银行电汇凭单（回单）

币种：人民币　　　　　　　　2018年12月26日　　　　　　　　流水号：

| 汇款方式 | | | □普通　　□加急 | | | | | | | | | | | | |
|---|---|---|---|---|---|---|---|---|---|---|---|---|---|---|---|
| 汇款人 | 全　称 | 佛山宏运股份有限公司 | 收款人 | 全　称 | 武汉金属材料公司 | | | | | | | | | | |
| | 账　号 | 62278696548609 | | 账　号 | 82459672313585 | | | | | | | | | | |
| | 汇出行名称 | 工商银行佛山季华支行 | | 汇入行名称 | 工商银行解放路支行 | | | | | | | | | | |
| （大写） | | 贰万壹仟伍佰贰拾捌元整 | | | | 亿 | 千 | 百 | 十 | 万 | 千 | 百 | 十 | 元 | 角 | 分 |
| | | | | | | | | | | ¥ | 2 | 1 | 5 | 2 | 8 | 0 | 0 |

支付密码

附加信息及用途

汇出行签章　　　　　　　　　　　　　　复核　　记账

此联汇出行给汇款人的回单

原始凭证50-3

# 收 料 单

三联式

No.0013756

请购单位

发票号数1257431　　　　　　　　2018年12月26日　　　　　　　　收字第1205号

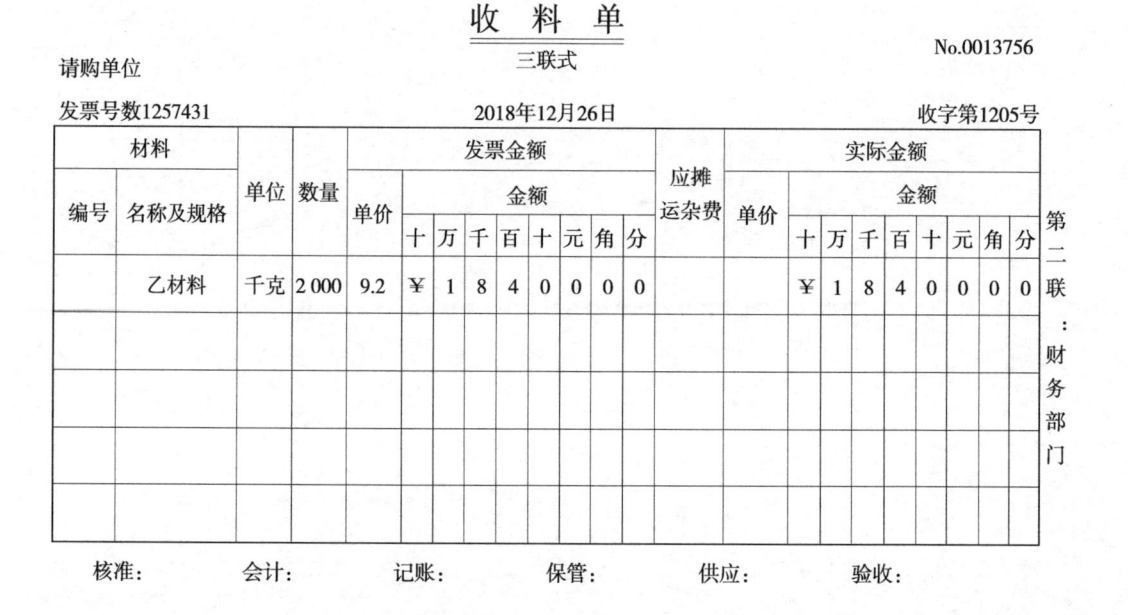

| 材料 | | 单位 | 数量 | 发票金额 | | | | | | | | | | 应摊运杂费 | 实际金额 | | | | | | | | | |
|---|---|---|---|---|---|---|---|---|---|---|---|---|---|---|---|---|---|---|---|---|---|---|---|---|
| 编号 | 名称及规格 | | | 单价 | 金额 | | | | | | | | | | 单价 | 金额 | | | | | | | | |
| | | | | | 十万 | 千 | 百 | 十 | 元 | 角 | 分 | | | | | 十万 | 千 | 百 | 十 | 元 | 角 | 分 | | |
| | 乙材料 | 千克 | 2 000 | 9.2 | ¥ | 1 | 8 | 4 | 0 | 0 | 0 | 0 | | | | ¥ | 1 | 8 | 4 | 0 | 0 | 0 | 0 | |
| | | | | | | | | | | | | | | | | | | | | | | | | |
| | | | | | | | | | | | | | | | | | | | | | | | | |
| | | | | | | | | | | | | | | | | | | | | | | | | |
| | | | | | | | | | | | | | | | | | | | | | | | | |

核准：　　　　会计：　　　　记账：　　　　保管：　　　　供应：　　　　验收：

第二联：财务部门

107

原始凭证51-1

广东增值税专用发票

全国统一发票监制
国家税务总局监制

发票联

3000061620

No.0135569

开票日期：2018年12月29日

| 购货单位 | 名　　　称：佛山宏运股份有限公司 |
|---|---|
| | 纳税人识别号：653296347657998966 |
| | 地址、电话：佛山市禅城区季华路029号　86684732 |
| | 开户行及账号：工商银行佛山季华支行　62278696548609 |

密码区 （略）

| 货物或应税劳务名称 | 规格型号 | 单位度 | 数量 | 单价 | 金额 | 税率 | 税额 |
|---|---|---|---|---|---|---|---|
| 电费 | | | 80 000 | 0.55 | 44 000.00 | 16% | 7 040.00 |
| 合　计 | | | | | 44 000.00 | | 7 040.00 |

| 价税合计（大写）　⊗伍万壹仟零肆拾元整 | （小写）￥51 040.00 |
|---|---|

| 销货单位 | 名　　　称：南海供电公司 |
|---|---|
| | 纳税人识别号：3000051325374659253 |
| | 地址、电话：佛山市南海区中华路49号　63232436 |
| | 开户行及账号：工商银行中华路支行　1215567432313 |

备注

南海供电公司
3000051325374659253
发票专用章

收款人：　　　　复核：　　　　开票人：金丽敏　　　　销货单位：（章）

第三联：发票联 购货方记账凭证

原始凭证51-2

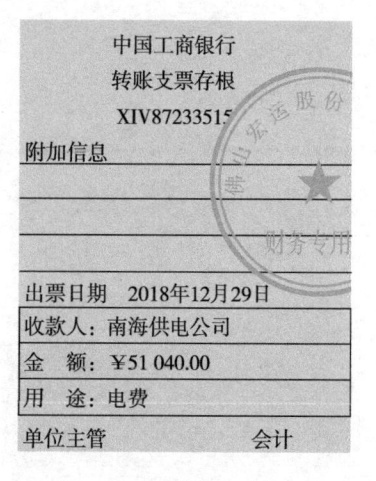

中国工商银行
转账支票存根
XIV87233515

附加信息

出票日期　2018年12月29日

收款人：南海供电公司

金　额：￥51 040.00

用　途：电费

单位主管　　　　会计

模块三 会计综合实训资料

原始凭证52-1

广东增值税专用发票

3000061620

发票联

No.1134566

开票日期：2018年12月29日

| 购货单位 | 名　　　称：佛山宏运股份有限公司 | | | | | 密码区 | （略） | | 第三联：发票联　购货方记账凭证 |
| --- | --- | --- | --- | --- | --- | --- | --- | --- |
| | 纳税人识别号：653296347657998966 | | | | | | | |
| | 地址、电话：佛山市禅城区季华路029号　86684732 | | | | | | | |
| | 开户行及账号：工商银行佛山季华支行　62278696548609 | | | | | | | |
| 货物或应税劳务名称 | 规格型号 | 单位 | 数量 | 单价 | 金额 | 税率 | 税额 | |
| 水费 | | 吨 | 8 000 | 0.7 | 5 600.00 | 16% | 896.00 | |
| 合　计 | | | | | 5 600.00 | | 896.00 | |
| 价税合计（大写）　⊗陆仟肆佰玖拾陆元整 | | | | | （小写）￥6 496.00 | | | |
| 销货单位 | 名　　　称：南海供水公司 | | | | | 备注 | | |
| | 纳税人识别号：3000021315334455283 | | | | | | | |
| | 地址、电话：佛山市南海区滨江路59号　83237832 | | | | | | | |
| | 开户行及账号：工商银行滨江路支行　3285767482916 | | | | | | | |

收款人：　　　复核：　　　开票人：汤清怡　　　销货单位（章）

原始凭证52-2

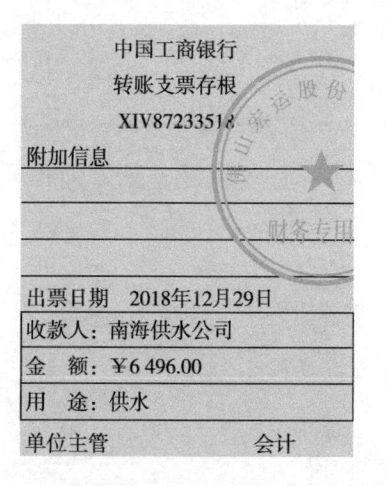

中国工商银行
转账支票存根
XIV87233518

附加信息

出票日期　2018年12月29日
收款人：南海供水公司
金　额：￥6 496.00
用　途：供水
单位主管　　　　　会计

111

原始凭证53

## 固定资产折旧汇总表

2018年12月29日 单位：元

| 部门 | 计提基数 | 月折旧率（%） | 金额 |
|---|---|---|---|
| 一车间房屋及建筑物 | | 0.6 | |
| 一车间机器设备 | | 1.5 | |
| 二车间房屋及建筑物 | | 0.6 | |
| 二车间机器设备 | | 1.5 | |
| 机修车间房屋及建筑物 | | 0.6 | |
| 机修车间机器设备 | | 1.5 | |
| 管理部门房屋及建筑物 | | 0.6 | |
| | | | |
| 合计 | | | |

财务科长：李林　　　　　　　　　　　　　　制表人：王静茹

原始凭证54

## 短期借款计息单

2018年12月29日

| 项　　目 | 金额（元） | 年利息率（%） | 利息（元） |
|---|---|---|---|
| 短期借款（9个月） | 38 000.00 | 6 | 190.00 |
| | | | |
| 合　　计 | | | 190.00 |

财务科长：李林　　　　　　　　　　　　　　制表人：王静茹

原始凭证55

## 无形资产摊销分配表

2018年12月29日

| 项　　目 | 摊销时间 | 摊销金额（元） | 备注 |
|---|---|---|---|
| 专利权 | 12月 | ¥1 000.00 | 行政部门 |
| | | | |
| 合　　计 | 12月 | ¥1 000.00 | |

财务科长：李林　　　　　　　　　　　　　　制表人：王静茹

模块三　会计综合实训资料

原始凭证56

# 中国工商银行信汇凭证（收款通知）4

委托日期　2018年12月30日

| 汇款人 | 全　称 | 广东设备有限公司 | 收款人 | 全　称 | 佛山宏运股份有限公司 |
|---|---|---|---|---|---|
| | 账　号 | 2457256196543540 | | 账　号 | 62278696548609 |
| | 汇出地点 | 广东省广州市/县 | | 汇入地点 | 禅城区季华路029号 |
| 汇出行名称 | | 工商银行广州市分行 | 汇入行名称 | | 工商银行佛山季华支行 |

| 金额 | 人民币（大写）叁拾万贰仟壹佰伍拾陆元柒角捌分 | 千 | 百 | 十 | 万 | 千 | 百 | 十 | 元 | 角 | 分 |
|---|---|---|---|---|---|---|---|---|---|---|---|
| | | | ￥ | 3 | 0 | 2 | 1 | 5 | 6 | 7 | 8 |

汇款用途：货款

留行待取预留
收款人印章：

| 款项已收入收款人账户 中国工商银行 佛山季华支行 汇入行盖章 2016年12月30日 | 款项已收妥 收款人盖章 2016年12月30日 | 科目（借）＿＿＿＿＿＿ 对方科目（贷）＿＿＿＿＿＿ 汇入行解汇日期　年　月　日 复核　　　　出纳 记账 |
|---|---|---|

此联给收款人的收账通知或代取款收据单

原始凭证57

# 工资分配表

2018年12月30日

单位：元

| 部　门 | | 应付工资 | | | | | | 代扣款项 | | | | 实发合计 |
|---|---|---|---|---|---|---|---|---|---|---|---|---|
| | | 基础工资 | 岗位津贴 | 职务职称 | 工龄工资 | 福利费 | 合计 | 住房公积 | 退休统筹（8%） | 医疗统筹（3%） | 小计 | |
| 生产车间 | A产品生产工人 | 48 000 | 36 000 | 21 000 | 4 320 | | 109 320 | | 21 683.2 | 8 825.6 | 30 508.8 | 78 811.2 |
| | B产品生产工人 | 43 000 | 26 300 | 15 500 | 5 460 | | 90 260 | | 22 585.6 | 7 564.8 | 30 150.4 | 60 109.6 |
| | 一车间管理人员 | 21 000 | 8 800 | 5 200 | 2 400 | | 37 400 | | 10 200 | 3 152 | 13 352 | 24 048 |
| | 二车间管理人员 | 16 700 | 9 400 | 3 100 | 2 020 | | 31 220 | | 7 195.2 | 2 521.6 | 9 716.8 | 21 503.2 |
| 机修车间 | 生产工人 | 8 300 | 5 600 | 3 800 | 1 300 | | 19 000 | | 5 200 | 1 600 | 6 800 | 12 200 |
| | 管理人员 | 1 760 | 960 | 560 | 320 | | 3 600 | | 946.4 | 291.2 | 1 237.6 | 2 362.4 |
| 行政管理人员 | | 5 900 | 4 100 | 2 100 | 509.85 | | 12 609.85 | | 3 252.56 | 1 000.79 | 4 253.35 | 8 356.5 |
| | | | | | | | | | | | | |
| | | | | | | | | | | | | |
| | | | | | | | | | | | | |
| 合　　计 | | 144 660.00 | 91 160.00 | 51 260.00 | 16 329.85 | 0.00 | 303 409.85 | 0.00 | 71 062.96 | 24 955.99 | 96 018.95 | 207 390.90 |

115

原始凭证58

## 材料验收单汇总表

2018年12月30日        No.0001209

| 材料名称 | 购料时间 | 规格 | 单位 | 实际 | | | 计划 | | | 备注 |
|---|---|---|---|---|---|---|---|---|---|---|
| | | | | 数量 | 单价 | 金额 | 数量 | 单价 | 金额 | |
| | | | | | | | | | | |
| | | | | | | | | | | |
| | | | | | | | | | | |
| | | | | | | | | | | |
| | | | | | | | | | | |
| | | | | | | | | | | |
| 合计 | | | | | | | | | | |

保管：           验收：           采购：

原始凭证59

## 材料成本差异计算表

年    月    日

| 项目　　成本差异 | 实际成本 | 计划成本 | 材料成本差异 |
|---|---|---|---|
| 甲材料 | | | |
| 乙材料 | | | |
| | | | |
| 合计 | | | |

财务科长：李林               制表人：王静茹

**原始凭证60-1**

# 领　料　单
（三联式）

No.0013751

领料部门：一车间

用途：A产品生产　　　　　　　　2018年12月3日　　　　　　　　领字第1201号

| 材料 | | | 单位 | 数量 | | 成本 | | | | | | | | | 材料账页 |
|---|---|---|---|---|---|---|---|---|---|---|---|---|---|---|---|
| 编号 | 名称 | 规格 | | 请领 | 实发 | 单价 | 总价 | | | | | | | | |
| | | | | | | | 十 | 万 | 千 | 百 | 十 | 元 | 角 | 分 | |
| | 甲材料 | | kg | 30 000 | 30 000 | 11 | ¥3 | 3 | 0 | 0 | 0 | 0 | 0 | 0 | |
| | | | | | | | | | | | | | | | |
| | | | | | | | | | | | | | | | |
| 合计 | | | | | | | ¥3 | 3 | 0 | 0 | 0 | 0 | 0 | 0 | |

主管：　　　会计：王静茹　　　记账：　　保管：林珊珊　　　发料：　　　领料：李欣

---

**原始凭证60-2**

# 领　料　单
（三联式）

No.0013752

领料部门：一车间

用途：车间一般耗用　　　　　　　2018年12月3日　　　　　　　　领字第1202号

| 材料 | | | 单位 | 数量 | | 成本 | | | | | | | | | 材料账页 |
|---|---|---|---|---|---|---|---|---|---|---|---|---|---|---|---|
| 编号 | 名称 | 规格 | | 请领 | 实发 | 单价 | 总价 | | | | | | | | |
| | | | | | | | 十 | 万 | 千 | 百 | 十 | 元 | 角 | 分 | |
| | 甲材料 | | kg | 80 | 80 | 11 | | | ¥ | 8 | 8 | 0 | 0 | 0 | |
| | 乙材料 | | kg | 50 | 50 | 10 | | | ¥ | 5 | 0 | 0 | 0 | 0 | |
| | | | | | | | | | | | | | | | |
| 合计 | | | | | | | | ¥ | 1 | 3 | 8 | 0 | 0 | 0 | |

主管：　　　会计：王静茹　　　记账：　　保管：林珊珊　　　发料：　　　领料：李欣

模块三　会计综合实训资料

原始凭证60-3

## 领　料　单
（三联式）

No.0013753

领料部门：机修车间

用途：车间一般耗用　　　　　　2018年12月3日　　　　　　领字第1203号

| 材料 | | | 单位 | 数量 | | 成本 | | | | | | | | | 材料账页 |
|---|---|---|---|---|---|---|---|---|---|---|---|---|---|---|---|
| 编号 | 名称 | 规格 | | 请领 | 实发 | 单价 | 总价 | | | | | | | | |
| | | | | | | | 十 | 万 | 千 | 百 | 十 | 元 | 角 | 分 | |
| | 乙材料 | | kg | 40 | 40 | 10 | | ¥ | 4 | 0 | 0 | 0 | 0 | | |
| | | | | | | | | | | | | | | | |
| | | | | | | | | | | | | | | | |
| 合计 | | | | | | | | ¥ | 4 | 0 | 0 | 0 | 0 | | |

主管：　　会计：王静茹　　记账：　　保管：林珊珊　　发料：　　领料：李欣

第二联：会计部门记账

原始凭证60-4

## 领　料　单
（三联式）

No.0013754

领料部门：行政管理部门

用途：一般耗用　　　　　　2018年12月3日　　　　　　领字第1204号

| 材料 | | | 单位 | 数量 | | 成本 | | | | | | | | | 材料账页 |
|---|---|---|---|---|---|---|---|---|---|---|---|---|---|---|---|
| 编号 | 名称 | 规格 | | 请领 | 实发 | 单价 | 总价 | | | | | | | | |
| | | | | | | | 十 | 万 | 千 | 百 | 十 | 元 | 角 | 分 | |
| | 甲材料 | | kg | 10 | 10 | 11 | | ¥ | 1 | 1 | 0 | 0 | 0 | | |
| | 乙材料 | | kg | 20 | 20 | 10 | | ¥ | 2 | 0 | 0 | 0 | 0 | | |
| | | | | | | | | | | | | | | | |
| 合计 | | | | | | | | ¥ | 3 | 1 | 0 | 0 | 0 | | |

主管：　　会计：王静茹　　记账：　　保管：林珊珊　　发料：　　领料：李欣

第二联：会计部门记账

**原始凭证60-5**

## 领 料 单
（三联式）

No.0013755

领料部门：二车间

用途：B产品生产　　　　2018年12月4日　　　　领字第1205号

| 材料 | | | 单位 | 数量 | | 成本 | | | | | | | | | 材料账页 |
|---|---|---|---|---|---|---|---|---|---|---|---|---|---|---|---|
| 编号 | 名称 | 规格 | | 请领 | 实发 | 单价 | 总价 | | | | | | | | |
| | | | | | | | 十 | 万 | 千 | 百 | 十 | 元 | 角 | 分 | |
| | 乙材料 | | kg | 20 000 | 20 000 | 10 | ¥2 | 0 | 0 | 0 | 0 | 0 | 0 | 0 | |
| | | | | | | | | | | | | | | | |
| | | | | | | | | | | | | | | | |
| 合计 | | | | | | | ¥2 | 0 | 0 | 0 | 0 | 0 | 0 | 0 | |

主管：　　会计：王静茹　　记账：　　保管：林珊珊　　发料：　　领料：李欣

第二联：会计部门记账

---

**原始凭证60-6**

## 领 料 单
（三联式）

No.0013756

领料部门：二车间

用途：车间一般耗用　　　　2018年12月4日　　　　领字第1206号

| 材料 | | | 单位 | 数量 | | 成本 | | | | | | | | | 材料账页 |
|---|---|---|---|---|---|---|---|---|---|---|---|---|---|---|---|
| 编号 | 名称 | 规格 | | 请领 | 实发 | 单价 | 总价 | | | | | | | | |
| | | | | | | | 十 | 万 | 千 | 百 | 十 | 元 | 角 | 分 | |
| | 甲材料 | | kg | 60 | 60 | 11 | | | ¥ | 6 | 6 | 0 | 0 | 0 | |
| | 乙材料 | | kg | 30 | 30 | 10 | | | ¥ | 3 | 0 | 0 | 0 | 0 | |
| | | | | | | | | | | | | | | | |
| 合计 | | | | | | | | | ¥ | 9 | 6 | 0 | 0 | 0 | |

主管：　　会计：王静茹　　记账：　　保管：林珊珊　　发料：　　领料：李欣

第二联：会计部门记账

**原始凭证60-7**

## 领 料 单
（三联式）

No.0013757

领料部门：机修车间

用途：车间一般耗用　　　　　2018年12月4日　　　　　领字第1207号

| 材料 | | | 单位 | 数量 | | 成本 | | | | | | | | | 材料账页 |
|---|---|---|---|---|---|---|---|---|---|---|---|---|---|---|---|
| 编号 | 名称 | 规格 | | 请领 | 实发 | 单价 | 总价 | | | | | | | | |
| | | | | | | | 十 | 万 | 千 | 百 | 十 | 元 | 角 | 分 | |
| | 甲材料 | | kg | 50 | 50 | 11 | | ¥ | 5 | 5 | 0 | 0 | 0 | | |
| | | | | | | | | | | | | | | | |
| | | | | | | | | | | | | | | | |
| 合计 | | | | | | | | ¥ | 5 | 5 | 0 | 0 | 0 | | |

主管：　　会计：王静茹　　记账：　　保管：林珊珊　　发料：　　领料：李欣

第二联：会计部门记账


**原始凭证60-8**

## 领 料 单
（三联式）

No.0013758

领料部门：行政管理部门

用途：部门一般耗用　　　　　2018年12月4日　　　　　领字第1208号

| 材料 | | | 单位 | 数量 | | 成本 | | | | | | | | | 材料账页 |
|---|---|---|---|---|---|---|---|---|---|---|---|---|---|---|---|
| 编号 | 名称 | 规格 | | 请领 | 实发 | 单价 | 总价 | | | | | | | | |
| | | | | | | | 十 | 万 | 千 | 百 | 十 | 元 | 角 | 分 | |
| | 甲材料 | | kg | 25 | 25 | 11 | | ¥ | 2 | 7 | 5 | 0 | 0 | | |
| | 乙材料 | | kg | 15 | 15 | 10 | | ¥ | 1 | 5 | 0 | 0 | 0 | | |
| | | | | | | | | | | | | | | | |
| 合计 | | | | | | | | ¥ | 4 | 2 | 5 | 0 | 0 | | |

主管：　　会计：王静茹　　记账：　　保管：林珊珊　　发料：　　领料：李欣

第二联：会计部门记账

模块三 会计综合实训资料

原始凭证60-9

## 领 料 单
（三联式）

No.0013759

领料部门：一车间

用途：车间一般耗用　　　　　　2018年12月10日　　　　　　领字第1209号

| 材料 | | | 单位 | 数量 | | 成本 | | | | | | | | | 材料账页 |
|---|---|---|---|---|---|---|---|---|---|---|---|---|---|---|---|
| | | | | | | 单价 | 总价 | | | | | | | | |
| 编号 | 名称 | 规格 | | 请领 | 实发 | | 十 | 万 | 千 | 百 | 十 | 元 | 角 | 分 | |
| | 工作服 | | 套 | 65 | 65 | 118 | ¥ | 7 | 6 | 7 | 0 | 0 | 0 | | |
| | | | | | | | | | | | | | | | |
| | | | | | | | | | | | | | | | |
| 合计 | | | | | | | ¥ | 7 | 6 | 7 | 0 | 0 | 0 | | |

主管：　　会计：王静茹　　记账：　　保管：林珊珊　　发料：　　领料：李欣

第二联：会计部门记账

原始凭证60-10

## 领 料 单
（三联式）

No.0013760

领料部门：二车间

用途：车间一般耗用　　　　　　2018年12月10日　　　　　　领字第1210号

| 材料 | | | 单位 | 数量 | | 成本 | | | | | | | | | 材料账页 |
|---|---|---|---|---|---|---|---|---|---|---|---|---|---|---|---|
| | | | | | | 单价 | 总价 | | | | | | | | |
| 编号 | 名称 | 规格 | | 请领 | 实发 | | 十 | 万 | 千 | 百 | 十 | 元 | 角 | 分 | |
| | 工作服 | | 套 | 60 | 60 | 118 | ¥ | 7 | 0 | 8 | 0 | 0 | 0 | | |
| | | | | | | | | | | | | | | | |
| | | | | | | | | | | | | | | | |
| 合计 | | | | | | | ¥ | 7 | 0 | 8 | 0 | 0 | 0 | | |

主管：　　会计：王静茹　　记账：　　保管：林珊珊　　发料：　　领料：李欣

第二联：会计部门记账

原始凭证60-11

# 领 料 单
（三联式）

No.0013761

领料部门：机修车间

用途：车间一般耗用　　　　　　2018年12月10日　　　　　　领字第1211号

| 材料 | | | 单位 | 数量 | | 成本 | | | | | | | | | 材料账页 |
|---|---|---|---|---|---|---|---|---|---|---|---|---|---|---|---|
| 编号 | 名称 | 规格 | | 请领 | 实发 | 单价 | 总价 | | | | | | | | |
| | | | | | | | 十万 | 千 | 百 | 十 | 元 | 角 | 分 | | |
| | 工作服 | | 套 | 8 | 8 | 118 | | ¥9 | 4 | 4 | 0 | 0 | | | |
| | | | | | | | | | | | | | | | |
| | | | | | | | | | | | | | | | |
| 合计 | | | | | | | | ¥9 | 4 | 4 | 0 | 0 | | | |

主管：　　会计：王静茹　　记账：　　保管：林珊珊　　发料：　　领料：李欣

第二联：会计部门记账

---

原始凭证60-12

# 领 料 单
（三联式）

No.0013762

领料部门：销售部

用途：销售　　　　　　2018年12月11日　　　　　　领字第1212号

| 材料 | | | 单位 | 数量 | | 成本 | | | | | | | | | 材料账页 |
|---|---|---|---|---|---|---|---|---|---|---|---|---|---|---|---|
| 编号 | 名称 | 规格 | | 请领 | 实发 | 单价 | 总价 | | | | | | | | |
| | | | | | | | 十万 | 千 | 百 | 十 | 元 | 角 | 分 | | |
| | 甲材料 | | kg | 50 | 50 | 11 | | ¥5 | 5 | 0 | 0 | 0 | | | |
| | | | | | | | | | | | | | | | |
| | | | | | | | | | | | | | | | |
| 合计 | | | | | | | | ¥5 | 5 | 0 | 0 | 0 | | | |

主管：　　会计：王静茹　　记账：　　保管：林珊珊　　发料：　　领料：李欣

第二联：会计部门记账

模块三　会计综合实训资料

原始凭证60-13

## 领 料 单
（三联式）

No.0013763

领料部门：一车间

用途：车间一般耗用　　　　　2018年12月11日　　　　　领字第1213号

| 材料 | | | 单位 | 数量 | | 成本 | | | | | | | | | 材料账页 |
|---|---|---|---|---|---|---|---|---|---|---|---|---|---|---|---|
| 编号 | 名称 | 规格 | | 请领 | 实发 | 单价 | 总价 | | | | | | | | |
| | | | | | | | 十 | 万 | 千 | 百 | 十 | 元 | 角 | 分 | |
| | 手套 | | 双 | 100 | 100 | 3.6 | | ¥ | 3 | 6 | 0 | 0 | 0 | | |
| | | | | | | | | | | | | | | | |
| | | | | | | | | | | | | | | | |
| | 合计 | | | | | | | ¥ | 3 | 6 | 0 | 0 | 0 | | |

第二联：会计部门记账

主管：　　会计：王静茹　　记账：　　保管：林珊珊　　发料：　　领料：李欣

原始凭证60-14

## 领 料 单
（三联式）

No.0013764

领料部门：二车间

用途：车间一般耗用　　　　　2018年12月11日　　　　　领字第1214号

| 材料 | | | 单位 | 数量 | | 成本 | | | | | | | | | 材料账页 |
|---|---|---|---|---|---|---|---|---|---|---|---|---|---|---|---|
| 编号 | 名称 | 规格 | | 请领 | 实发 | 单价 | 总价 | | | | | | | | |
| | | | | | | | 十 | 万 | 千 | 百 | 十 | 元 | 角 | 分 | |
| | 手套 | | 双 | 90 | 90 | 3.6 | | ¥ | 3 | 2 | 4 | 0 | 0 | | |
| | | | | | | | | | | | | | | | |
| | | | | | | | | | | | | | | | |
| | 合计 | | | | | | | ¥ | 3 | 2 | 4 | 0 | 0 | | |

第二联：会计部门记账

主管：　　会计：王静茹　　记账：　　保管：林珊珊　　发料：　　领料：李欣

模块三 会计综合实训资料

原始凭证60-15

# 领 料 单

（三联式）

No.0013765

领料部门：机修车间

用途：车间一般耗用　　　　　　　2018年12月11日　　　　　　领字第1215号

| 材料 | | | 单位 | 数量 | | 成本 | | | | | | | | | 材料账页 |
|---|---|---|---|---|---|---|---|---|---|---|---|---|---|---|---|
| 编号 | 名称 | 规格 | | 请领 | 实发 | 单价 | 总价 | | | | | | | | |
| | | | | | | | 十万 | 千 | 百 | 十 | 元 | 角 | 分 | | |
| | 手套 | | 双 | 40 | 40 | 3.6 | | ¥1 | 4 | 4 | 0 | 0 | | |
| | | | | | | | | | | | | | | |
| | | | | | | | | | | | | | | |
| | 合计 | | | | | | | ¥1 | 4 | 4 | 0 | 0 | | |

第二联：会计部门记账

主管：　　会计：王静茹　　记账：　　保管：林珊珊　　发料：　　领料：李欣

原始凭证60-16

# 材料消耗汇总表

年　月　日

| 用途 / 材料名称 | | 主要材料 | | | | | | | | 合计 |
|---|---|---|---|---|---|---|---|---|---|---|
| | | 数量 | 金额 | 数量 | 金额 | 数量 | 金额 | 数量 | 金额 | |
| 产品领用 | A产品 | | | | | | | | | |
| | B产品 | | | | | | | | | |
| 生产车间一般耗费领用 | 一车间 | | | | | | | | | |
| | 二车间 | | | | | | | | | |
| 辅助车间领用 | 机修车间 | | | | | | | | | |
| 行政管理部门 | | | | | | | | | | |
| 其他业务成本 | | | | | | | | | | |
| | | | | | | | | | | |
| 合计 | | | | | | | | | | |

财务科长：李林　　　　　　　　　　　　　　　　　　制表人：王静茹

原始凭证61-1

# 甲材料成本差异分配表

2018年12月31日                                    单位：元

| 部门（科目） | 材料计划成本 | 材料成本差异率 | 分摊材料成本差异 |
|---|---|---|---|
| 产品领用： | | | |
| A产品 | | | |
| B产品 | | | |
| 车间一般消耗 | | | |
| 一车间 | | | |
| 二车间 | | | |
| 辅助车间领用： | | | |
| 机修车间 | | | |
| 行政管理部门 | | | |
| 其他业务成本 | | | |
| | | | |
| 合计 | | | |

财务科长：李林                    制表人：王静茹

原始凭证61-2

# 乙材料成本差异分配表

2018年12月31日                                    单位：元

| 部门（科目） | 材料计划成本 | 材料成本差异率 | 分摊材料成本差异 |
|---|---|---|---|
| 产品领用： | | | |
| A产品 | | | |
| B产品 | | | |
| 车间一般消耗 | | | |
| 一车间 | | | |
| 二车间 | | | |
| 辅助车间领用： | | | |
| 机修车间 | | | |
| 行政管理部门 | | | |
| 其他业务成本 | | | |
| | | | |
| 合计 | | | |

财务科长：李林                    制表人：王静茹

## 模块三 会计综合实训资料

原始凭证62

# 动力费、电费分配表

2018年12月31日

| 部门　　　　　　项目 | | 耗电量（千瓦·时） | 分配率（%） | 分配金额（元） |
|---|---|---|---|---|
| 基本生产车间 | 一车间 | 35 000.00 | | |
| | 二车间 | 25 000.00 | | |
| 小计 | | 60 000.00 | | |
| 机修部门 | | 15 000.00 | | |
| 行政部门 | | 5 000.00 | | |
| | | | | |
| | | | | |
| | | | | |
| 合计 | | 80 000.00 | | 44 000.00 |

财务科长：李林　　　　　　　　　　　制表人：王静茹

原始凭证63

# 水费分配表

2018年12月31日

| 部门　　　　　　项目 | | 耗水量（m³） | 分配率（%） | 分配金额（元） |
|---|---|---|---|---|
| 基本生产车间 | 一车间 | 4 000.00 | | |
| | 二车间 | 3 000.00 | | |
| 小计 | | 7 000.00 | | |
| 机修部门 | | 650.00 | | |
| 行政部门 | | 350.00 | | |
| | | | | |
| | | | | |
| | | | | |
| 合计 | | 8 000.00 | | 5 600.00 |

财务科长：李林　　　　　　　　　　　制表人：王静茹

137

原始凭证64

## 辅助生产费用分配表

2018年12月31日

| 收益部门 | 维修工时（小时） | 分配率（%） | 分配额（元） |
|---|---|---|---|
| 一车间 | 2 400.00 | | |
| 二车间 | 2 000.00 | | |
| 行政部门 | 600.00 | | |
| 合计 | 5 000.00 | | |

财务科长：李林　　　　　　　　　　　　制表人：王静茹

原始凭证65

## 制造费用分配表

2018年12月31日

| 收益产品 | 产品产量 | 分配率（%） | 分配额（元） |
|---|---|---|---|
| A产品 | | | |
| B产品 | | | |
| | | | |
| | | | |
| 合计 | | | |

财务科长：李林　　　　　　　　　　　　制表人：王静茹

原始凭证66-1

## 产品成本计算单

产品名称：　　　　　　　　2018年12月31日

| 项目 | 直接材料 | 直接人工 | 制造费用 | 合计 |
|---|---|---|---|---|
| 月初在产品成本 | | | | |
| 本月生产费用 | | | | |
| 生产费用合计 | | | | |
| 约当产量 | | | | |
| 分配率 | | | | |
| 月末完工产品成本 | | | | |
| 月末在产品成本 | | | | |

财务科长：李林　　　　　　　　　　　　制表人：王静茹

模块三 会计综合实训资料

原始凭证66-2

## 产品成本计算单

产品名称：                    2018年12月31日

| 项目 | 直接材料 | 直接人工 | 制造费用 | 合计 |
|---|---|---|---|---|
| 月初在产品成本 | | | | |
| 本月生产费用 | | | | |
| 生产费用合计 | | | | |
| 约当产量 | | | | |
| 分配率 | | | | |
| 月末完工产品成本 | | | | |
| 月末在产品成本 | | | | |

财务科长：李林                    制表人：王静茹

原始凭证67-1

## 产品销售汇总单

2018年12月31日

| 名称及规格 | 销售时间 | 计量单位 | 数量 | 单位成本（元） | 总成本（元） |
|---|---|---|---|---|---|
| | | | | | |
| | | | | | |
| | | | | | |
| | | | | | |
| | | | | | |
| 合计 | | | | | |

财务科长：李林                    制表人：王静茹

原始凭证67-2

## 产品销售汇总单

2018年12月31日

| 名称及规格 | 销售时间 | 计量单位 | 数量 | 单位成本（元） | 总成本（元） |
|---|---|---|---|---|---|
| | | | | | |
| | | | | | |
| | | | | | |
| | | | | | |
| | | | | | |
| 合计 | | | | | |

财务科长：李林                    制表人：王静茹

141

原始凭证68

# 增值税纳税申报表

| 纳税人名称 | | | | | | 微机编码 | | | | | |
|---|---|---|---|---|---|---|---|---|---|---|---|
| 纳税期限 | 年 月 日 | | 税款所属期限 | | 年 月 日至 年 月 日 | | 税务登记证号码 | | | | |
| 应税货物或劳务名称 | 计税数量 | 计量单位 | 计税依据 | 生产率或征收率 | 销项税额 | 进项税额 | | 应纳税额 | 减免税额 | 批准缓缴税额 | 本期申报应纳税额 |
| | | | | | | 合计 | 其中：本期允许抵扣 | | | | |
| 1 | 2 | 3 | 4 | 5 | 6=4×5 | 7 | 8 | 9=6−8 | 10 | 11 | 12=9−10−11 |
| | | | | | | | | | | | |
| | | | | | | | | | | | |
| | | | | | | | | | | | |
| | | | | | | | | | | | |
| | | | | | | | | | | | |
| 合计 | | | | | | | | | | | |
| 城建税 | | | | | | | | | | | |
| 教育费附加 | | | | | | | | | | | |
| 附列资料 | 增值税专用发票领、用、存情况 | 零购数量（组） | | 使用数量（组） | | | 作废数量（组） | | 结存数量（组） | | |
| | | | | | | | | | | | |
| 申报单位可代理机构 | 申报人（公章）或代理人（签名或盖章）   申报时间：  代理人：   年 月 日 | | | | 税务机关审核 | 受理日期：  审核时间：  审核人：    （章） | | | | | |

原始凭证69

# 坏账准备计算表

年 月 日

| 项目 | 期末余额（元） | 计提比例（‰） | 计提坏账准备（元） |
|---|---|---|---|
| 应收账款 | | 5 | |
| 其他应收款 | | 5 | |
| | | | |

财务科长：李林　　　　　　　　制表人：王静茹

**原始凭证70**

## 收益类账户本月发生额汇总表

年　月　日　　　　　　　　　　　　单位：元

| 收益类账户 | 金　额 |
|---|---|
| 主营业务收入 |  |
| 其他业务收入 |  |
| 投资收益 |  |
| 营业外收入 |  |
|  |  |
| 合　计 |  |

财务科长：李林　　　　　　　　　制表人：王静茹

**原始凭证71**

## 成本类账户本月发生额汇总表

年　月　日　　　　　　　　　　　　单位：元

| 成本费用类账户 | 金　额 |
|---|---|
| 主营业务成本 |  |
| 税金及附加 |  |
| 其他业务成本 |  |
| 销售费用 |  |
| 财务费用 |  |
| 管理费用 |  |
| 营业外支出 |  |
| 资产减值损失 |  |
| 合　计 |  |

财务科长：李林　　　　　　　　　制表人：王静茹

**原始凭证72**

## 所得税计算表

2018年12月31日　　　　　　　　　单位：元

| 项目 | 金　额 |
|---|---|
| 税前会计利润 |  |
| 加：永久性差异 |  |
| 减：暂时性差异 |  |
| 应税所得 |  |
| 所得税税率 | 25% |
| 本期应交所得税 |  |
| 本期所得税费用 |  |

财务科长：李林　　　　　　　　　制表人：王静茹

原始凭证73

## 税后利润计算分配表

2018年12月31日

单位：元

| 项　　目 | 金　　额 |
|---|---|
| 利润总额 | |
| 所得税费用 | |
| 本年的税后利润 | |

财务科长：李林　　　　　　　　　　　　制表人：王静茹

原始凭证74

## 利润分配计算表

2018年12月31日

| 利润分配项目 | 分配比例（%） | 金额（元） |
|---|---|---|
| 提取盈余公积金 | 10 | |
| 分配现金股利 | 60 | |

财务科长：李林　　　　　　　　　　　　制表人：王静茹

## 四、手工账务岗位实训任务

手工账务岗位实训任务如下。

（1）根据模块一熟悉实训企业的基本情况和会计政策。

（2）根据模块二建企业总账及相关明细账。

（3）根据所给定的业务，审核原始凭证是否规范。

（4）完成原始凭证的填制（业务中有些原始凭证要根据相关资料单据填制完成后再进行相应账务处理）。

（5）根据审核无误的原始凭证填制记账凭证。

（6）根据记账凭证及所附的原始凭证登记相关明细账及现金日记账、银行存款日记账。

（7）根据记账凭证编制科目汇总表、试算平衡表。

（8）根据科目汇总表登记总账。

（9）对账、结账。

（10）编制"资产负债表""利润表"等会计报表。

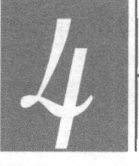

# 模块四
## Chapter
# 会计电算化操作

## 一、系统管理

系统管理即进行静态数据设置，具体操作如下。

▶ 1. 建立账套

账套号：666

账套名称：佛山宏运股份有限公司（简称宏运股份）

启用日期：2018年12月1日

会计期间设置：1月1日—12月31日

单位地址：佛山市禅城区季华路029号

法人代表：张正（董事长、总经理）

邮政编码：528225

联系电话：0757-86684732

税务登记证号：653296347657998966

开户银行：工商银行佛山季华支行

账号：62278696548609（人民币户）

记账本位币：人民币（RMB）

行业性质：工业企业

按行业性质预制科目：否

本账套对存货、客户、供应商进行分类，有外币核算。

会计科目编码级次：42222

客户和供应商分类编码级次：22

部门编码级次：122

地区分类编码级次：22

存货分类编码级次：222

收发类别编码级次：12

结算方式编码级次：12

成本对象编码级次：122

数据精度：存货数量、存货单价、开票单价、件数及换算率的所有小数位数均为2。

▶ 2. 财务人员及其权限

账套主管：邹嘉仪（编号：001；口令：1）。拥有软件操作和管理的所有权限，包括账套主管岗位操作权限、凭证审核及记账岗位操作权限、报表编制岗位操作权限。

会计：王静茹（编号：002；口令：2）。拥有总账系统的所有操作权限，包括会计制单岗位操作权限、往来核算岗位操作权限、固定资产核算岗位操作权限。

▶ 3. 系统启用

总账。

## 二、系统初始化

系统初始化操作由"002 王静茹"完成。

（1）部门档案如表4-1所示。

表4-1 部门档案

| 部门编码 | 部门名称 | 部门编码 | 部门名称 |
|---|---|---|---|
| 1 | 总经理室 | 302 | 辅助生产车间 |
| 2 | 供应科 | 30201 | 机修车间 |
| 3 | 生产科 | 4 | 销售科 |
| 301 | 基本生产车间 | 5 | 财务科 |
| 30101 | 一车间 | | |
| 30102 | 二车间 | | |

（2）人员档案如表4-2所示。

表4-2 人员档案

| 人员编码 | 部门名称 | 姓名 | 人员类别 | 性别 |
|---|---|---|---|---|
| 101 | 总经理室 | 张 正 | 在职人员 | 男 |
| 301 | 生产科——基本生产成本一车间 | 林珊珊 | 在职人员 | 女 |
| 302 | 生产科——基本生产成本二车间 | 杨 光 | 在职人员 | 男 |
| 401 | 销售科 | 张丽丽 | 在职人员 | 女 |
| 501 | 财务科 | 李 林 | 在职人员 | 男 |

（3）客户分类如表4-3所示。

表4-3 客户分类

| 分类编码 | 分类名称 |
|---|---|
| 01 | 本地 |
| 02 | 外地 |

模块四 会计电算化操作

（4）客户档案如表4-4所示。

表4-4 客户档案

| 客户编码 | 客户名称 | 客户简称 | 客户所属分类 | 税号 | 账号 | 地址 |
|---|---|---|---|---|---|---|
| 0101 | 广东设备有限公司 | 广东设备 | 本地 | 752946706814813 | 28734308121097 | 广州市天河区天河路1432号 |
| 0102 | 南海机电设备安装公司 | 南海机电 | 本地 | 340601702314436 | 23268454533626 | 南海区裕东路129号 |
| 0201 | 湖北新立电器有限公司 | 新立电器 | 外地 | 440606706814872 | 287334308121097 | 武汉市汉江区台北路7912号 |
| 0202 | 湖北机电有限公司 | 湖北机电 | 外地 | 330101702314235 | 54269354532426 | 石家庄市中兴路49号 |
| 0203 | 南昌星海有限公司 | 南昌星海 | 外地 | 360102332624336 | 11328738538784 | 南昌市北湖路256号 |
| 0204 | 上海电器有限责任公司 | 上海电器 | 外地 | | | |

（5）供应商分类如表4-5所示。

表4-5 供应商分类

| 分类编码 | 分类名称 |
|---|---|
| 01 | 本地 |
| 02 | 外地 |

（6）供应商档案如表4-6所示。

表4-6 供应商档案

| 供应商编码 | 供应商名称 | 供应商简称 | 税号 | 账号 | 地址 | 所属分类 |
|---|---|---|---|---|---|---|
| 0101 | 广州电器配件厂 | 广州电器 | 4401014362845294123 | 659258744129593 | 广州市三山路58号 | 本地 |
| 0201 | 上海轻化公司 | 上海轻化 | 3209174332545293226 | 65215889412932 | 上海市建设路155号 | 外地 |
| 0202 | 南京电器有限公司 | 南京电器 | 3657459869576829652 | 42149574863962 | 南京市新中路243号 | 外地 |
| 0203 | 西安金属材料公司 | 西安金属 | 3607051828374859657 | 32159674363935 | 西安市中山路143号 | 外地 |
| 0204 | 武汉金属材料公司 | 武汉金属 | 4201011878674839251 | 82459672313585 | 武汉市解放路162号 | 外地 |
| 0102 | 南海供电公司 | 南海供电 | 3000051325374659253 | 1215567432313 | 佛山市南海区中华路49号 | 本地 |
| 0103 | 南海供水公司 | 南海供水 | 3000021315334455283 | 3285767482916 | 佛山市南海区滨江路59号 | 本地 |

（7）结算方式，包括现金结算和支票结算。其中，支票结算又分为现金支票结算和转账支票结算。

（8）根据实际业务分录的编写及管理需求，进行会计科目的修改及明细科目的增减。

（9）凭证类别：记账凭证。

（10）期初余额录入。

## 三、日常账务处理

日常账务处理包括以下工作。

（1）根据模块二所发生的日常业务填制凭证。

（2）对已填制的凭证进行审核。

（3）月末记账。

（4）月末对账。

（5）月末结账。

## 四、报表处理

（1）利用UFO报表系统编制资产负债表。

（2）利用UFO报表系统编制利润表。